AF445959

EL CÁNCER Y YO. RENACIENDO DE LA OSCURIDAD

El camino hacia la sanación y libertad del alma

Yeimi García

EDIQUID

EL CÁNCER Y YO. RENACIENDO DE LA OSCURIDAD
El camino hacia la sanación y libertad del alma
© Yeimi García

Editado por: Corporación Ígneo S.A.C.
para su sello editorial Ediquid
Primera edición, julio 2021

ISBN: 978-980-436-034-3
Depósito legal: DC2021001010

www.grupoigneo.com
Correo electrónico: contacto@grupoigneo.com
Facebook: Grupo Ígneo | Twitter: @editorialigneo | Instagram: @grupoigneo

Diseño de portada: Susana Santos
Diagramación: Dianora Gómez Nessi
Corrección: Alejandra Araujo

Colección: Integrales

ÍNDICE

PRESENTACIÓN

Este libro cuenta la historia real de Yeimi García, quien tuvo el valor de contar todos los sucesos de dolor y sufrimiento vividos. Superó cada momento de este viaje llamado cáncer, siguiendo un proceso de autoconocimiento que la llevó a la sanación de su alma, de su mente y de su cuerpo a través del perdón. Consiguió un despertar espiritual donde encontró la verdadera paz y la felicidad que había en ella misma y que había olvidado. No era religiosa, decía que Dios era la fuente que estaba dentro de ella. El perdón y el amor fueron los ingredientes principales para la liberación y la transformación real. Se desprogramó de falsas creencias y de pensamientos destructivos que la estaban conduciendo a la muerte de su ser. La oscuridad se estaba apoderando de ella, le hacía creer que era un cuerpo y que había venido para sufrir y culpar a los demás, odiando y reprimiendo sus sentimientos.

En cierto sentido, el libro refleja la dolorosa trayectoria que Yeimi hubo de recorrer en este aprendizaje sobre el bendito cáncer. Fue llevada a la quietud y a ver la realidad tal como era, desprogramando su mente y comenzando a vivir desde la visión clarividente de Dios. Fue necesario ponerse en los zapatos de los demás, comprendiendo y aceptando cada ser. Perdonarse a sí misma y a los demás significó uno de los pasos más amorosos. Se hizo libre de la cárcel en la que su alma estaba presa. Llegó a la verdad de lo que realmente era, aceptando que todos somos santos hijos de Dios y que todos somos uno.

EL COMIENZO

En mayo de 2014 me levanté y me sentí muy mal. Tenía malestar general, cansancio y gripe. Pensé que era pasajero y no le presté atención. Sin embargo, la indisposición persistía, por lo que resolví ir a la farmacia y tomar unos analgésicos para que pasara, pero su efecto solo duraba ocho horas.

Un día decidí ir al médico, donde me recetaron medicamentos para la infección. Supuse que el malestar iba a pasar y que todo iba a volver a la normalidad. No obstante, la gripe no se calmaba, me sentía bien una semana y luego regresaba. La doctora decidió recetarme algo más fuerte. «Con esto se me quita» pensé, pero continuaba. El bienestar duraba ocho días y los síntomas volvían. Al ver que no funcionaba, la doctora decidió enviarme unos exámenes para saber qué estaba pasando. Fueron varias pruebas, de sangre, de orina… por último, se decidió por exámenes de rutina: la citología. Al día siguiente, muy temprano, fui a tomarme las muestras y regresé a mi casa. Mi vida parecía normal, tenía una familia y tres hijos y trabajaba de forma independiente en una fábrica de alimentos con mi esposo. Seguí con mis labores diarios como madre y esposa pensando que todo estaría bien y que simplemente era una gripe.

A los tres días me llamaron del laboratorio donde me había hecho los exámenes. Fui inmediatamente, tenía malestar de nuevo. Al entrar con la doctora, me informó que la citología estaba mal y que debía dirigirme a urgencias, pues el resultado del examen había salido alterado. Me sentí confundida y dije:

—¡Tal vez no es tan grave!

Pedí la cita para que revisaran mi examen, empecé a sentirme mal por la angustia sobre qué pasaría. Al revisarlo, el médico dijo que se debían realizar otras pruebas más profundas para validar el grado de avance y el estado real en el que me encontraba. Fueron momentos de agitación, de zozobra, de incertidumbre. Entonces pensé en qué pasaría: ¿iba morir? Y mis niños pequeños de ocho, nueve y quince añitos, ¿qué sería de ellos?

Seguí haciéndome los exámenes requeridos, los cuales eran más fuertes y horribles cada día. En ellos, seis personas miraban mis partes más íntimas, los líquidos que suministraban para la muestra eran como candela, ardían muchísimo y el dolor era terrible. Se trataba de una colposcopia y una biopsia. Lo más doloroso llegó después del martirio de los ácidos, la biopsia, donde extraían una parte de mi órgano. Sentía angustia, incertidumbre y miedo a morir. Sabía que iba a sufrir mucho. Esos eran los pensamientos negativos que estaban en mi cabeza.

Lloré mucho durante el examen. El dolor y el miedo eran horribles. Seguía sollozando. Mi madre me había acompañado. Al salir, la vi y empecé a llorar de nuevo. Ella, muy fuerte, me decía:

—Vamos a salir de esta, todo estará mejor.

Mi madre me daba fuerza y esperanza. Yo no entendía qué había pasado, por qué eso me estaba sucediendo. Me lo repetía muchas veces.

MIEDO

Y librar a los que por el temor a la muerte estaban sujetos a esclavitud durante toda la vida.

Hebreos 2:15.

El proceso apenas empezaba. Me sentía mal, tenía miedo de morir y de no ver más a mis hijos. Sabía que ellos me necesitaban, que estaba joven y que todo había acabado para mí. A pesar de todo, seguí adelante con lo que pedía el médico para tratar el caso. Después de sacar la muestra del examen, debía esperar más de quince días para ver el resultado. Pasado este plazo, fui a la cita de lectura de la biopsia y de la colposcopía. Efectivamente, ahí estaba el carcinoma, anunciando que tenía cáncer invasivo. Pensé tantas cosas al recibir esta noticia… Lloraba sin parar, tenía mucho miedo. Reflexionaba sobre la muerte y lo doloroso que iba a ser. Sin embargo, me mantuve firme. Tenía tres hijos que me necesitaban, debía ser fuerte y luchar hasta que todo mejorara. Esa era mi única solución, hacer lo que los médicos me ordenaran para vencer la enfermedad.

El médico decía que estaba empezando, que no era tan grande y que estábamos a tiempo.

—Haremos una colonización y sacaremos una biopsia. Quizá solo se necesite sacar una parte muy pequeña. Pero si está más allá del cono, habrá que hacer una cirugía llamada histerectomía.

«Solo está en el cono, será sencillo» me dije muy contenta. Me hicieron la colonización. El procedimiento fue sencillo y la recuperación fue rápida. Al analizar el resultado de la biopsia, se vio que el cáncer estaba más allá y que era necesario hacer la histerectomía, es decir, extraer todos mis órganos reproductores. El temor regresó gracias a todo lo que decían respecto a esta cirugía: que envejecería, que me volvería menopaúsica, que el deseo sexual se iría y que todo cambiaría. Me imaginaba como una mujer vieja, sin ganas de vivir, con calores infernales y sin deseo sexual. «Lo que me faltaba» pensé.

Mi vida se convirtió en visitas constantes a médicos y en exámenes de una y otra cosa. Mi madre siempre estuvo ahí, cuidándome y ayudándome. Mi esposo hacía lo mejor que podía para apoyarme con esa situación, siempre fue un hombre comprensivo y entendía lo que estaba pasando. Todo ello me llevó a cuestionarme para qué serviría tanto sacrificio. Si moría, ¿habría valido la pena tanto desgaste y sufrimiento, trabajando hasta tarde, endeudándome hasta la coronilla y quitándome la paz y la tranquilidad? La situación me llevaba a estar quieta, no podía hacer nada. También me preguntaba «¿por qué a mí? Siento que no he sido mala, no he matado, no he robado, no he violado y no he hecho cosas terribles para que me pase esto. ¿Por qué, Dios? ¿Por qué me pasa esto a mí? He tratado de ser buena y no hacer daño a nadie».

Permanecí largo tiempo con traumas sexuales y dejando de disfrutar muchas cosas, mi sentimiento no me lo permitía. Tenía imágenes de un trauma psicológico de niña. «Pero ni a las que venden su cuerpo les pasa esto, ¿por qué a mí, que ni siquiera he disfrutado plenamente de mi sexualidad y no he tenido cantidades de hombres? He sido respetuosa y fiel en mi matrimonio», me decía, culpando a mi esposo de mi incomodidad.

Seguía preguntándome por qué me sucedía aquello. Había considerado que creía en Dios, pero no era así, solo asumía hacerlo. Incluso llegué a pensar que Dios me estaba castigando.

ACEPTACIÓN

Mas a Jehová vuestro Dios serviréis, y él bendecirá tu pan y tus aguas; y yo quitaré toda enfermedad de en medio de ti.

Éxodo 23:25.

Seguí adelante con el proceso de cirugía. Después del diagnóstico, estaba lista para continuar con el procedimiento que me harían, donde extraerían mi útero y las trompas de Falopio, dejando únicamente los ovarios. Dijeron que era muy sencillo y que lo harían por laparoscopia, con la que no habría necesidad de abrir la parte baja de mi abdomen. Eso me daba un aire de tranquilidad, ya que los médicos se veían seguros y positivos con ello. Sin embargo, el miedo al dolor que causaría permanecía.

Llegó el momento de los exámenes correspondientes para el procedimiento. Fueron bastantes, pero los hice inmediatamente. Debíamos esperar a los resultados para programar la cita de la cirugía. Algo dentro de mí permitía que estuviera tranquila por momentos, pues los exámenes siempre salían muy bien y mis recuperaciones eran muy rápidas. Ahora era el día de programar la cirugía y seguir con el proceso de recuperación de mi cuerpo de todas las formas posibles, científicas y médicas. Contaba especialmente con la ayuda de Dios. El momento llegó luego de la revisión de los exámenes y de estar lista para el procedimiento. Solo le pedía a Dios que me ayudara, sabía que todo estaría bien. «Quiero estar contigo, pero dime, ¿qué hago? No sé qué hacer» decía desde lo profundo de mi ser. Yo no comprendía mucho en ese entonces, solo le suplicaba que me ayudara, le imploraba que me sacara bien de todo eso y le agradecía, porque sabía que estaba ahí, conmigo. Me anestesiaron y yo aclamaba a Dios. Me dormí pensando en él.

Después de la cirugía desperté muy bien. Me llevaron a la habitación para completar mi recuperación. Sin embargo, algo pasaba conmigo la noche siguiente. Sentía que mi corazón latía más fuerte y tenía una sensación de angustia y desespero. El miedo me invadía. Llamé a la enfermera y le manifesté que no podía respirar y que mi corazón latía muy fuerte.

—Debo tener algo —dije.

Ellos, muy amablemente, procedieron a revisar qué pasaba. Me tomaron electrocardiogramas, pero al analizarlos, no tenían nada especial. No obstante, yo insistía en que tenía algo, no podía respirar y me sentía ahogada. Luego, una doctora me visitó y me dijo que estaba bien, que quizás estaba nerviosa o tenía el dolor producido por la cirugía y que me iban a recetar un calmante para eso. Era de noche y los gritos de algunos pacientes me despertaban. Escuchaba una voz parecida a la de una anciana que decía «¡ayúdeme por favor!, ¡ayúdeme! Me duele mucho, mejor máteme». Era horrible, sentía miedo y angustia por esa persona. Se notaba que estaba sufriendo y eso me preocupaba más.

Con la ayuda de Dios seguí viva. A los tres días volví a casa con mi familia. En ese momento sentía a Dios más cerca de mí. Tenía tiempo mientras me recuperaba, lo único que debía importarme era cuidarme y recuperarme, no podía hacer nada más. Oraba por mi recuperación en la situación en que me encontraba, era la única manera de quedarme quieta. De lo contrario, habría estado haciendo una y otra cosa. Durante esos momentos me acercaba más a Dios, con fervor y amor. No obstante, me sentía interesada, pues solo lo buscaba cuando lo necesitaba. Esa era la realidad. Para ser sincera, decía creer en Dios, pero solo eran palabras. Definitivamente, no lo amaba ni le dedicaba el tiempo que merecíamos, tanto él como yo. Para mí había sido mejor ocuparme en hacer cosas afuera, pensando que esa era la forma que le gustaba a Dios. Yo decía «tengo que ayudar y ser buena para que Dios me quiera, debo ayudar a los demás».

No obstante, en ese momento tenía tiempo de sobra para conectar y hablar con Dios. La recuperación fue un éxito al estar en una conexión consciente y hermosa. Cada día iba mejor, me gustaba salir bien en los procedimientos, me sentía valiente y consideraba que todo estaba bien, que yo podía sola. Me agradaba que dijeran «ella sale como si nada, como si no estuviera enferma». Era algo que proyectaba. Sin embargo, sufría por dentro, me sentía víctima de la vida, de Dios. Escuchaba que comentaban que lo que padecía era transmitido de manera sexual. Pero no, creo que la relación con mi esposo era sana. Antes de mi esposo había tenido una pareja toxica y promiscua. Llegué a pensar que tal vez había sido por él.

CREENCIAS

Mis pensamientos son imágenes que yo mismo he fabricado.

Lección 15 de UCDM.

Sin embargo, ya no podía hacer nada. Seguí con la creencia de que era solo por eso. Estuve muy positiva y juiciosa con la recuperación. Gracias a ello salí victoriosa de tan difícil momento de mi vida. Los exámenes de la citología para los controles mostraban que todo estaba bien, que me encontraba sana y que ya no tenía cáncer, se había eliminado por completo. No obstante, continuaba con citas cada tres meses, cada seis meses, cada año.

Al vivir esta experiencia pude ver la vida con otros ojos. De hecho, fue la única manera de que pudiera *relajarme* por un tiempo. No tenía que hacer nada más allá de recuperarme para seguir con mi vida normal. Empezaba a ver un poco de esperanza y de luz dentro de mí. Por momentos decía «¡debo cambiar! De nada me sirve tanta *corredera*. Y si hubiera muerto, ¿para qué tanta cosa?». Eso era lo que expresaba mi voz interna, mi esencia. Mi interior empezaba a sanar y a encontrar un poco de espiritualidad, pero no era fácil dejar de la noche a la mañana esas viejas creencias y conductas que me habían acompañado por mucho tiempo. Algunas de esas convicciones eran del tipo «debes ser buena; si no lo eres, Dios te castigará», «debes esforzarte para conseguir las cosas», «debes ser alguien en la vida», «es mejor callar y no hacer daño a nadie», «siempre debes aparentar que todo está bien para que los demás no se molesten», «primero la familia, ellos son lo principal»…

¿Quiénes son mi madre y mis hermanos? Luego, mirando a los que estaban sentados a su alrededor, añadió: «estos son mi madre y mis hermanos, pues cualquiera que hace la voluntad de Dios es mi hermano, mi hermana y mi madre».

Marcos 3:31.

¿De qué le sirve al hombre ganar todo el mundo si pierde la vida?

Mateo 16:26.

Nuevamente tomé mis labores como empresaria, madre, esposa e hija. Para ser sincera, volví a lo mismo de antes: a desear obtener y triunfar. El cáncer no me detuvo, seguí y seguí, regresando a la misma vida ajetreada. Había olvidado mi experiencia durante mi recuperación, aquella paz y tranquilidad con Dios. Pensaba que la vida se trataba de trabajar y conseguir, abandonándome totalmente. Adquiría deudas sin propósito alguno, anduve según me parecía. Por supuesto tenía sueños y metas, los cuales había logrado, afortunadamente. Pero nada era suficiente para mí, siempre quería algo más, pensando que cuando lo obtuviera sería feliz.

EXCESOS

Tengan cuidado de no dejarse aturdir por los excesos, la embriaguez y las preocupaciones de la vida, para que ese día no caiga de improviso sobre ustedes.

Lucas 21:4.

Compraba compulsivamente, vivía del físico y la apariencia. Me realizaba masajes y tratamientos estéticos, hacía dietas, consumía batidos y adquiría productos para adelgazar, como geles reductores, pastillas y fajas de todo tipo, largas, cortas, corsé... En fin, todo lo que pudiera hacer para verme bien exteriormente. Siempre quería lucir bonita y agradar a mi esposo, pero tenía una actitud compulsiva. Comía de forma acelerada, gritaba y daba órdenes cuando las cosas no se daban como me apetecía. Me interesaba que todo estuviera limpio y organizado. Enfurecía si no se hacía lo que yo sugería. Vivía en un afán de obtener, de tener la razón y de ser la mejor madre, esposa, cuñada, nuera, hija, sobrina, tía... Sin embargo, empecé a perderme a mí misma en ese esfuerzo por lucir linda y que todos me aceptaran. Aparentaba ser algo diferente para que me aprobaran, me amaran y dijeran que yo era buena esposa o madre.

Muchos sentimientos crecieron dentro de mí al tratar de aparentar lo que no era. Me producía rabia e impotencia tener que ser algo diferente, pues demostrar falsas personalidades por agradar era desgastante. En ese momento no lo notaba, porque los principios que me habían inculcado decían que debía ser buena, actuando como los demás dijeran y quisieran. Básicamente, tenía que ser la mejor en todo, una mujer de «lavar y planchar». Debía vivir por los demás, ser perfecta en el aseo y tener todo al día, manteniéndome organizada y sin derecho a equivocarme. Mis hijos pequeños debían actuar como adultos. Me dejaba influenciar por las personas a mi alrededor incluso en cuanto a lo que debía comer o pensar. No me daba cuenta realmente de lo que estaba pasando. Consideré que esa era la forma normal y correcta de vivir, en angustia y en desespero por agradar a los demás. Esa situación, aunque me parecía común, me llenaba de muchos pensamientos que invadían mi mente a cada instante de mi vida.

Llegó un momento en que empecé a sentirme pérdida. Ya nada me agradaba, nada me hacía feliz, ni la comida ni los viajes ni lo que veía. Nada me satisfacía. Estaba muy confundida, no había alegría dentro de mí, no sentía gusto por nada. Seguí caminando por el sendero del miedo. Me consideraba un fracaso como persona, como esposa y como madre. Pensaba que no era exitosa y que la gente no me quería. Definitivamente, no me sentía bien. Algo pasaba dentro de mí aunque todo se viese en orden, físicamente y hasta en las redes sociales.

La forma en que me relacionaba con mis hijos no era sana. Inconscientemente, hacía con ellos lo mismo que hacía conmigo. También buscaba aprobación y aceptación de los demás hacia ellos. Me preocupaba más por cómo vistieran que por lo que hicieran. Muchas veces, algunas personas querían que mis hijos, siendo niños, actuaran como adultos, sin pensar en el daño que les causaban al impedirles ser ellos mismos. De hecho, tuve una crisis muy fuerte con uno de mis hijos: por no aceptarlo tal como era, rechazándolo, logré que se alejara de mí. Todo se debió a mi manera de ser, en la que quería controlar sus vidas para agradar a los demás.

FRUSTRACIÓN

Hay otra manera de ver el mundo. Hay otra manera de ver esto: reconocer que puedes cambiar tu percepción de lo que ves tanto externa como internamente.

Lección 33 de UCDM.

Me sentía perdida, frustrada e impotente, día tras día era peor. Había sido una mujer que quería ayudar a las personas. Me gustaba tener el control de todo y me consideraba la diosa de los demás al solucionar sus problemas, buscándoles trabajo, organizándoles la vida para que estuvieran bien y para que no sufrieran. Me encantaba hacerlo, sentía que era la mujer maravilla. Estaba a disposición y asumí muchas cargas que no me correspondían.

Por otro lado, no me daba cuenta de que era muy amable en el exterior, pero odiosa, controladora y exigente con mi familia, no les dedicaba tiempo. Vivía ocupada y angustiada por los demás, sin hacerme cargo de mí ni de ellos. Naturalmente, como pensaba que ese era mi cometido, me justificaba y defendía lo que hacía. Tampoco noté que estaba perdiendo los mejores años de mi vida y que había olvidado a los seres más importantes, a mis hijos, a mi familia y a mí misma, todo por querer complacer al mundo. Creí que esa era la manera de agradar a Dios para que no me castigara.

Consideraba que actuaba bien, pues era una mujer trabajadora que permanecía muy ocupada. Estaba orgullosa de ser independiente y luchadora. Me esforzaba por ofrecer un mejor futuro para mis hijos. Esa era mi manera de decir «te amo»: comprándoles todo lo que quisieran. Sin embargo, no les dedicaba tiempo de calidad, pues me daba alergia estar en casa.

Era insoportable mantenerme desocupada, sentía que le quitaba tiempo a lo importante, que era ejecutar algún proyecto o meta. Valoraba más lo que pudiera hacer por fuera. En los momentos en que me quedaba en casa, mi mente se inundaba de pensamientos que no me dejaban en paz. Una voz dentro de mí decía «¿qué haces ahí?», «debes hacer tal cosa», «acuérdate de tal otra», «no descanses», «desperdicias tu tiempo»… Parecía que no hacía nada. Mi mente me hablaba constantemente, pero no era consciente de eso, solo prestaba atención y estaba a la merced de mis pensamientos erróneos, obedeciéndoles. Mi ego tenía el control y yo ni siquiera me daba cuenta. Para mí, era normal vivir así.

ADICCIÓN

Por encima de todo quiero ver de otra manera.

Lección 28 de UCDM.

Un día me aburrí de los abusos de las personas, ¡me cansé! Así que dije «ya no más, que cada cual busque su bienestar, no puedo más». Este acto desencadenó en mí un vacío muy grande, pues esa era mi ocupación constante. Era como si mi trabajo hubiese sido estar al pendiente de todos, solucionando sus problemas y llenándome de frustración al no ver resultados en quienes yo ayudaba. Fue el resultado de la adicción de amar demasiado a los demás, de la dependencia, de mi obsesión por tener el control y que todo se hiciera a mi manera. Al dejar de hacerlo, me hice consciente de que esos actos funcionaban como un calmante, era la forma de escapar de mí. Tenía una obsesión por ayudar y amar en exceso. Puedes verlo en el libro de Robin Norwood, *Las mujeres que aman demasiado.*

Como ya lo he manifestado, nunca fui consciente de esa adicción. Había juzgado que vivir así era normal, me había acostumbrado. De repente, todo empezó a cambiar en mí. Día tras día me veía más triste y el miedo me invadía más. Empecé a sentir un apego hacia mi esposo y hacia lo material. No podía estar sola, todo a mi alrededor me producía miedo a la muerte. Lloraba porque no sabía qué pasaba conmigo, pensaba en el pasado y en el futuro y tenía resentimientos que me hacían daño. Llegué a sentir culpa y vergüenza. Además, no quería perdonar. Reprimía todo lo que sentía, pero no lo expresaba por miedo al qué dirán, dejando caer las máscaras que yo misma había creado.

Mi angustia había aumentado tanto que mi cuerpo la somatizó. Tuve algunos dolores constantes en el pecho, no podía respirar bien. La ansiedad y los ataques de pánico llegaron, por lo que acabé tomando toda clase de medicamentos naturales, como valeriana y pasiflora, además de somníferos, pues había empezado a tener insomnio. Veía cosas horribles en las noches y me decía: «pero ¿por qué estoy así? No hay razón, lo tengo todo. Formé una familia maravillosa, dispongo de dinero para lo que quiero, compro de todo, conduzco el carro que siempre había deseado y poseo las cosas que siempre había soñado. ¿Por qué estoy así?».

El miedo y la dependencia se hacían más grandes día tras día. Me aterraba estar a solas, porque mi mente no dejaba de pensar. Sin embargo, me era imposible calmarla, pues la había acostumbrado a trabajar a cada momento, pensando, solucionando, organizando y controlando todo. Mi mente era ingobernable. No podía ni sabía cómo aquietarla.

BÚSQUEDA DE RESPUESTAS

Y Jehová va delante de ti; él estará contigo, no te dejará ni te desamparará; no temas ni te intimides.

Deuteronomio 31:8.

Tomé la decisión de ir al psicólogo el día en el que sentí que ya no podía más, pues los ataques de pánico se habían hecho más frecuentes y ya no podía controlarlos, empeoraban cada día. En la consulta solo me dijeron que era un problema emocional, producto del proceso que atravesaba por el cáncer y todo lo que ello acarreaba. Sin embargo, yo quería una cura inmediata. Como tampoco podía dormir bien, me enviaron al psiquiatra para que me formulara algo. Ese momento me permitió despertar y decir «debe haber algo para esto, no quiero llegar a estar en una clínica psiquiátrica ni depender toda la vida de medicamentos que me hagan salir de la realidad».

También recordé una película en la que había una historia muy parecida a la mía. En el filme, una mujer ingresó en una clínica psiquiátrica. Estaba tan dopada que se mostraba distante y no denotaba sentimiento alguno cuando sus hijos iban a verla. Se le acercaban y la abrazaban, pero ella se mostraba indiferente debido a los fuertes medicamentos que le suministraban. Esa imagen me hizo pensar en buscar un tipo de ayuda diferente al psiquiatra y a tomar tranquilizantes.

RENDICIÓN

«Entonces Jesús dijo a sus discípulos: «Si alguno quiere venir en pos de mí, niéguese a sí mismo, tome su cruz y sígame. Porque el que quiera salvar su vida, la perderá; pero el que pierda su vida por causa de mí, la hallará».

Mateo 16:24-25.

Me arrodillé ante Dios y le dije:

—¡Ayúdame! Ya no puedo más. Siempre he querido ayudar a los demás y hacer cosas grandes. Especialmente, deseo estar contigo, pero no me apetece ir a ningún sitio religioso. Por favor, dime adónde debo ir. ¿Qué hago? Siento que muero. No puedo con esta situación. Muéstrame el camino, porque ya no tengo el control de mi vida, vivo un infierno interno, nadie lo entiende —supliqué piedad.

Me resistía a los lugares de culto debido a situaciones vividas en mi niñez, pues había observado maltratos, drogadicción y oscuridad en una familia creyente que asistía a un sitio religioso. Los aceptaba y respetaba, pero ya no creía en ellos.

Muchas veces no comprendía las incoherencias que veía. En ese momento, lo único que hacía era observar y callar. Tenía un sentimiento de frustración y cuestionamiento. Mi pensamiento era «si esto pasa en una familia creyente, ¿qué puedo esperar de los demás?». De niña veía muchas situaciones de violencia y maltrato psicológico a mi alrededor, había machismo constante. Solo seguía mirando y reprimiendo el dolor que sentía al ver tanto enojo, tanta ira.

Entonces solo podía experimentar rabia ante esas situaciones. «¿Por qué esas mujeres no hacen nada? ¿Por qué dejan que las maltraten de esa manera?» me preguntaba. Una y otra vez, me repetía «cuando sea grande, no me voy a dejar de nadie. Voy a ser diferente a ellas». Había juzgado a esas mujeres y decretado que no iba permitir que me pisotearan. Más tarde, siendo adulta, sufría las consecuencias de mis juicios: había creado un personaje que tenía un escudo protector y un carácter aparentemente fuerte, quien iba a salvar y a ayudar a todo su entorno.

Efectivamente, logré hacerlo una y otra vez. Conseguía cada cosa que me había forjado. Pero esa no era yo. Había creado a una mujer buena que no podía sentir ni decir lo que pasaba, sino que debía ser fuerte y amable; no podía tener defectos, sino hacer todo muy bien. Esta mujer se había encargado de mantener una imagen de luchadora verraca que podía con todo. Era imposible que dijera «no», pues quería gustar a todos. Siempre deseaba lucir bien, como si no pasara nada, como si todo estuviera en orden. No me rendía fácilmente, aunque no me sintiera tan feliz. Repetirlo una y otra vez me hacía sentir mal física, espiritual y emocionalmente. Me llenaba de actividades y cosas que solo me hacían preocuparme por obtener cosas y agradar a los demás. No sabía qué hacer para manejar esas situaciones, solo pensaba que era normal y que debía ser así.

Pasé mucho tiempo en esta situación. Finalmente, llegó la hora en que la mente no podía más. Pensaba constantemente en cómo solucionar y ayudar en la vida de los demás. Un día, mi cuerpo empezó a pasar factura y a reclamar paz y serenidad. Me rendí gracias a la quietud de la enfermedad. De este modo empecé a tener esperanza de una solución real, sin exponerme a alguna religión en sí. Reitero que no juzgo las religiones, simplemente prefiero no pertenecer a ninguna.

ESPERANZA

Abril de 2017

Podría ver paz en lugar de esto.

*Cuando vea al mundo como un lugar de libertad, me daré
cuenta de que refleja las leyes de Dios en lugar de las reglas que
yo invente para que él obedezca.*

Lección 34 de UCDM.

Un día vi a un familiar de mi esposo en las redes sociales.
Mencionaba en su perfil a la fundación Resolver. Hallé fotos y
publicaciones que me parecieron interesantes. Por supuesto,
tuve curiosidad por ir. La situación era propicia para acercarme,
ya que tenía algunas cosas para donar a la Cruz Roja. Cuando
todo estuvo listo para ser donado, descubrí que ya no recibían
objetos y que todo se encontraba cerrado. Entonces me propuse
preguntarle a A., de la fundación Resolver, si deseaba esa donación. Fue la oportunidad para llegar a ese espacio. Después de
hablar sobre la donación, ella me platicaba acerca de la transformación que había vivido y los resultados extraordinarios que había obtenido. Me contaba historias con las que me identificaba.

—¿Podemos hablar de algo que me está pasando? —le pregunté—. Es que necesito ayuda, no sé qué tengo.

—Claro que sí —me respondió.

Entonces apunté una cita. Encontré en ese lugar que alguien me entendía. Mi despertar espiritual inició desde ese momento. No entendía absolutamente nada al principio, solo sabía que tenía el recurso y que todas mis esperanzas estaban puestas en ese proceso recuperación de mi ser. Empecé a encontrar respuestas a todo lo que me ocurría. Pienso que nada es casualidad, que todo sucede como tiene que hacerlo, en el momento, en el sitio y con la persona que Dios quiere que sea.

Cuando pedimos algo, tenemos un deseo ardiente, perseveramos y buscamos, eso que pensamos se empieza a manifestar. Me sentía triste, sola y frustrada, pues muchas de las cosas que ansiaba no se daban. Durante el proceso entendí que en ese momento no estaba preparada, mi nivel de conciencia era pobre y solo quería obtener y hacer, olvidándome del ser.

Buscaba la transformación de las personas y siempre hacía lo que fuera por generar cambio en los demás, pero todos mis esfuerzos y desgaste eran siempre inútiles.

Hasta que un día me cansé y dejé de hacerlo.

TOMANDO LAS RIENDAS DE MI VIDA

2 de mayo de 2017

Yo, la luz, he venido al mundo para que todo el que cree en mí no permanezca en tinieblas.

Juan 12:46.

Todo empezó a tornarse raro cuando dejé de querer ayudar y solucionar los problemas de los demás. Tenía mucha rabia. Me decía a mí misma «¡ya no más! He hecho muchas cosas y mira cómo están». No aprovechaba las oportunidades, juzgaba y criticaba. Al prestar atención, era evidente que en realidad era yo quien decidía y lo hacía, nadie me obligaba. Sin embargo, en ese momento no lo veía, solo aceptaba que ellos fuesen los culpables.

Cuando decidí empezar y terminar el proceso, me lo tomé en serio y di cada paso que me condujera a hallar la causa de lo que me estaba pasando.

Empecé por reducir mi ego. En realidad, ni siquiera sabía lo que esa palabra significaba. Mientras asistía a aquel lugar, iba entendiendo de qué se trataba. Además, estaba decidida a hacer lo que fuera por saber qué sucedía conmigo, por qué no dormía bien, por qué siempre estaba enferma y por qué no podía quedarme sola. Debo confesar que al principio me avergonzaba hablar del tema, pues pensaba que se asustarían o que considerarían irrelevante lo que dijera. Pero no fue así. Al contrario, empecé a sentir algo de tranquilidad y de confianza.

CUESTIONÁNDOME

Permítaseme reconocer el problema para que pueda ser resuelto.

Lección 79 de UCDM.

Tenía tantos interrogantes, ¿por qué generaba situaciones caóticas?, ¿por qué mi relación con mis hijos no era adecuada?, ¿por qué vivía sin energía y con ansiedad?, ¿por qué me daban ataques de pánico y sentía que moría?, ¿por qué veía cosas en las noches que me daban miedo?, ¿por qué nada me gustaba, nada me agradaba y nada me satisfacía?, ¿por qué no me gustaba cómo me veía en el espejo?, ¿por qué pensaba que no le agradaba a mi esposo?, ¿por qué sentía que nadie me quería? Había demasiadas preguntas asaltándome y quería que todas fueran contestadas lo más pronto posible. Pero no era tan fácil. Tenía treinta y nueve años con las mismas creencias, no era sencillo cambiarlas de la noche a la mañana. Afortunadamente, el proceso me llevaría a las respuestas y todo tendría sentido.

CONFUSIÓN

No saben ni entienden; caminan en tinieblas; son sacudidos todos los cimientos de la tierra.

Salmo 82:5.

Empecé a leer diferentes tipos de meditaciones diarias, escuchando el compartir de esta persona.

—Pero dígame qué me pasa, ¿por qué estoy así? —decía.

—¡Tranquila! tú solita encontrarás esas respuestas y sanarás —me respondían.

También empecé a escuchar audios de personas que habían tenido experiencias parecidas. Escuché en especial a un psicólogo muy conocido llamado José Carlos Escamilla. Sus audios y sus experiencias me impactaron. El audio de reducción del ego me llevó a comprender muchas cosas y a ver el mundo de otra manera. Los audios de Salvador Valadez, como *Viva y deje vivir*, me despertaron a la realidad, permitiéndome comprender lo que estaba pasando en mi vida.

Con ellos me di cuenta de que era una mujer que vivía por los demás y se entrometía en lo que no era de su incumbencia; que nunca me había responsabilizado de mí, sino de los demás; que en el esfuerzo por ser buena y que Dios no me castigara asumía cargas que no me correspondían. Justo entonces empecé a confundirme, llenándome de angustia y de culpa. No resultaba sencillo. De hecho, eliminar mis propias máscaras era doloroso. En definitiva, estaba espiritualmente ciega.

Muchas cosas pasaban al salir a entrenar mi mente. Había algún accidente, el carro se pinchaba o no me apetecía ir. La parte errónea de mi mente me decía que no lo hiciera y que no funcionaría. Sin embargo, tenía la voluntad y acudía.

Siempre estaba dispuesta a cambiar aquello que desconocía, tenía la esperanza de que las razones y las causas de mi sufrimiento aparecieran.

CORRIENDO EL VELO DE MIS OJOS

Pero si tu ojo está malo, todo tu cuerpo estará lleno de oscuridad. Así que, si la luz que hay en ti es oscuridad, ¡cuán grande será la oscuridad.

Mateo 6:23.

Viví un mar de emociones durante las primeras semanas. Experimentaba sentimientos de confusión y de realidad donde el rompecabezas de preguntas que estaba desarmado empezaba a armarse poco a poco. Había llegado a ese espacio con autoestima bajo, sintiendo que valía poco. Aunque siempre había querido aparentarlo, no era fuerte. Por dentro había una mujer débil, con muchos miedos e insegura de sí misma. Recuerdo que tartamudeaba al leer, sentía que me estaban mirando y que me equivocaba, con lo que terminaba haciéndolo. Sin embargo, nadie se reía de mí, me criticaba o me rechazaba. Al contrario, siempre había un ser amoroso, compasivo y que me escuchaba sin juzgarme. Me entendía, me comprendía y no me daba consejos, solo dejaba que Dios y el proceso por sí solo respondieran a mis preguntas.

LAS RESPUESTAS

Los milagros se ven en la luz.

Lección 91 de UCDM.

En cada día que pasaba encontraba más respuestas, ya fuese en alguna meditación o en algún compartir. Despertaba, veía por qué me pasaban tantas cosas. Me di cuenta de que era una mujer que amaba demasiado, de que era dependiente de mi esposo, de que si él salía, yo lo hacía, y si él no quería, yo me quedaba, dejando de hacer, quizás, lo que me apetecía. Siempre pedía aceptación de lo que hacía, de lo que vestía y hasta de lo que comía. Había asumido que esa era la manera de vivir, pidiendo aprobaciones para que me aceptaran. No era consciente de lo que era y de lo que significaba, solo pensaba que era lo normal. Sin embargo, durante el proceso fui notando mis errores, estaba dispuesta a hacer lo que fuera por cambiarlos. Fue muy difícil al principio, pues la ansiedad y el miedo se apoderaban de mí, mientras que mi mente resultaba ingobernable, al punto en que sentía que mi cabeza iba a estallar. Pero quería escudriñar más y más el milagro de empezar a ver la realidad tal como era. Me daba esperanza.

DISPUESTA A TODO

La verdad corregirá todos los errores de mi mente.

Lección 107 de UCDM.

—¿Qué se puede hacer para que el proceso sea más rápido? —le pregunté a la mujer que me había recibido con todo el amor—. Quiero saber todo y recuperarme de esto.

—Pues puedes hacer un proceso más profundo, donde despertarás, encontrarás más respuestas y sanarás. Te lo aseguro, esto funciona —me respondió. Yo la miré y le creí.

—Estoy dispuesta a todo con tal de recuperarme y volver a vivir —exclamé. Esa era mi única salida.

Seguí asistiendo a los entrenamientos y reduciendo mi ego. El proceso que seguía era íntimo, iba al interior para sacar a la luz todo lo que estaba dentro de mí, haciéndome daño, pero que no quería exponer por miedo o por vergüenza.

ACEPTANDO MI CONDICIÓN

Y el que suministra semilla al sembrador y pan para su alimento, suplirá y multiplicará vuestra sementera y aumentará la siega de vuestra justicia.

Corintios 9:10.

Estaba dispuesta a hacerlo. Empecé a leer y a responder cada pregunta que estaba en el primer proceso. Había doce temas diferentes que me llevaban a cuestionarme y a pensar. Dicho proceso me tomó un año y un mes. Contestaba preguntas que me transportaban a mi interior. De esta forma, pude darme cuenta de que no debía rendirme, de que no estaba sola y de que tenía que aceptar lo que tenía. Era como cuando alguien alcohólico decía que no lo era; aunque su vida estuviera hecha pedazos, no lo aceptaba. Del mismo modo, yo debía aceptar mi condición.

Y así fue, la reconocí y seguí caminando por ese rumbo. Reflexionar y admitir lo que me pasaba era lo primero que tenía que hacer para continuar. En algunas ocasiones, había preguntas que no entendía, porque mi mente había estado tan ocupada en conseguir todo lo material y en vivir preocupada por solucionarle la vida al resto del mundo que había olvidado analizarme y preocuparme por mí. Era lenta para escribir, no podía pensar bien, mi memoria se había perdido, no era coherente. Sin embargo, seguía dando lo mejor. Era la primera vez que hacía algo bueno para mí, algo sano. Tenía la mejor voluntad. Para mí, era una nueva oportunidad de mejorar mi vida y encontrar esa felicidad y paz tan anhelada. Veía finalmente una vida sin incertidumbre, sin angustias y sin desdichas.

Noté que había culpado a los demás por lo que me pasaba. Siempre decía «si él no fuese así, todo sería diferente», «si mis hijos cambiaran, yo no me enfermaría. Es por culpa de ellos. No me quieren, no me hacen caso»… Era más fácil atribuir la responsabilidad a los demás para no hacerme cargo de mí. Era algo inconsciente, no me daba cuenta. Durante el proceso fui conociendo realmente quién era. Antes pensaba que esas maneras de ser que eran normales y que así era la vida.

CONFIANDO EN DIOS DE VERDAD

Bendito el hombre que confía en el Señor
y pone su confianza en él.
Será como un árbol plantado junto al agua,
que extiende sus raíces hacia la corriente;
no teme que llegue el calor,
y sus hojas están siempre verdes.
En época de sequía no se angustia,
y nunca deja de dar fruto.

Jeremías 17:7-8.

Seguía el segundo paso, el cual consistía en volver a creer y a tener fe y confianza en que algo más poderoso me podía ayudar. Me di cuenta de que en realidad no creía en un poder superior, como yo decía. Me había engañado al pensar que sí creía en Dios, pero en realidad no era así. Creía en un Dios castigador y juzgador que no me amaba, porque había permitido que me pasaran muchas cosas, entre ellas la enfermedad. Pero al reconocerlo y aceptarlo, empecé a conectar con ese poder superior. Respondiendo a todas las preguntas acerca de llegar a creer, me dije a mi misma: «seguiré este proceso porque es lo que tengo para recuperarme, porque tengo esperanza. Así que continuaré. Estoy segura de que todo cambiará en algún momento y entenderé mejor». Estaba confundida y tenía incertidumbre sobre qué iba a pasar y cuándo iba a tener la paz que tanto quería y que no conseguía.

Mi mente no callaba, pues yo me llenaba de actividades, de querer solucionar problemas, de meterme en lo que no me importaba y de emprender proyectos. Mi cabeza estaba saturada de pensamientos de rabia, de odio y de resentimiento. Por otro lado, mi relación con mi padre no era buena, a cada instante lo juzgaba por su manera de ser, lo criticaba y lo señalaba. Nuestra relación era sumamente dañina, no podíamos tener una conversación sana sin terminar discutiendo. La rabia, la ira y la impotencia me convertían en un ser odioso y despiadado hacia mi padre, recibiendo lo mismo de su parte. Sentía que no me amaba, que solo veía cosas feas en mí. Las cosas que yo hacía, aunque me parecieran buenas, para él siempre estaban mal. Él no reconocía nada bueno en mí, lo que me entristecía. Vivía con la creencia de que me juzgaba y de que nada era bueno a sus ojos. De ahí provenía mi resentimiento hacia él. Mi mente se dejaba engañar, lo que terminaba en sufrimiento.

Estaba tan presionada que sentía que iba a estallar. No era fácil ser madre de tres hijos. Me había hecho cargo de muchas cosas, de la empresa, del colegio, de la casa… Recuerdo que pensaba que si no era yo quien realizaba las tareas, no quedarían bien. Y terminaba haciendo todo. En la empresa, por ejemplo, me encargaba de toda la parte legal, incluyendo a los bancos, las deudas, los pagos, la nómina y los empleados. Era una responsabilidad muy fuerte. En cuanto a los niños, se trataba del colegio, de la salud, de la alimentación y del bienestar.

Además, parecía que físicamente no hacía nada, ya que mi trabajo, más que de fuerza, era de administración, análisis y de solucionar cada situación que se presentaba. Parecía ser simple. Por este motivo, muchas veces sentí que algunas personas querían verme de otra forma, más fuerte, alzando bultos, siendo una «verraca», según su concepto del término. Pero esas no eran mis fortalezas, mis dones eran otros. Sin embargo, yo deseaba ser como ellos decían, para demostrarles que era fuerte y capaz.

Más allá de esas cargas adicionales, lucir bien desgataba mucho, así como buscar la aceptación de los demás. Quería verme bonita, en especial, para la familia cercana, para que dijeran que yo era una buena esposa y madre. Me esforzaba mucho para que me quisieran, pero sufría y me llenaba de odio. Esto me llevaba a reprimir mis sentimientos, ya que siempre me juzgaban y me criticaban por no ser perfecta y como ellos querían. Gracias a este proceso, me di cuenta de que había desperdiciado mi tiempo queriendo agradar a los demás y de que había perdido mi esencia en la búsqueda de esa mujer perfecta. Más tarde, aprendería que no había llegado al mundo para agradar a nadie más que a mí misma. Continué sacando todo el dolor y el veneno de todos los pensamientos y sentimientos reprimidos.

Cabe mencionar que el camino de autoconocimiento no fue nada fácil, pues habría de enfrentarme a todo aquello que me hacía daño. Debía mantenerme firme a pesar de cualquier adversidad, dolor o sufrimiento que este proceso me causara. De este modo, podría esclarecer y transformar todo aquello que estaba en mi interior.

DISPUESTA A CONFIAR EN DIOS

No hay otro amor que el de Dios.

Lección 127 de UCDM.

Había un tercer paso que me haría dispuesta a confiar y a entregar todo a Dios, pero no sabía cómo hacerlo. La verdad es que solo seguía el camino, confiada en que me recuperaría, en que todo sería diferente en algún momento y en que la felicidad volvería a mí. Sabía que había un Dios que podía ayudarme, solo necesitaba fiarme de él. Las preguntas fueron contestadas y tenía toda la voluntad de continuar sin importar lo que sucediera, no me daría por vencida. De modo que seguí adelante, dispuesta a todo. Creía en un Dios diferente. Era hora de cambiar mis creencias pasadas y reemplazarlas por nuevas creencias reales.

Después de admitir, reconocer y aceptar mi condición de amar demasiado, estaba lista para lo que seguía. Era consciente de que me enfrentaría a cosas más fuertes respecto al conocimiento que estaba teniendo de mí misma, pero estaba dispuesta a pasar por lo que fuera, nada me iba a detener. La siguiente fase del camino me llevaría a sacar lo que sentía en verdad, la realidad, lo que no me gustaba recordar, lo que más me dolía, lo que me hacía más daño, la ira, el odio y el resentimiento.

SACANDO MI OSCURIDAD

Todas las cosas son lecciones que Dios quiere que yo aprenda, perdona y verás esto de otra forma.

Lección 193 de UCDM.

En el cuarto escalón hube de hacer una lista de lo que supuestamente me habían hecho, el nombre de la persona y el daño causado. Tenía que expresar todo. Recuerdos de mucho dolor y sentimientos de rechazo, críticas y juicios en mi contra empezaron a manifestarse. Gracias a ello me di cuenta de que tenía resentimientos que contaban con veinte años. Había pensado que no me lastimaban, pero luego aprendí que la falta de perdón había enfermado mi cuerpo: tenía mucha rabia reprimida, la cual formó diferentes heridas en mi interior, manifestándose como un cáncer. Por mucho tiempo me había quedado callada con ese sentimiento de rechazo y humillación. En repetidas ocasiones me habían dicho que no era mujer para mi esposo, que no era digna de ser su esposa y que era poca cosa. Siempre me miraban con desprecio y rechazo. Eso era lo que sentía.

En esta lista aparecieron familiares y amigas de la infancia, del colegio. Brotaron heridas de rechazo y humillación. Al reconocer que todo lo que me había pasado me hacía daño, pude eliminar la *basura* que había en mí y el veneno que estaba dañando mi alma y enfermando mi cuerpo. Sentía el rechazo de mi padre, pensaba que él no me quería, que me odiaba, que me atacaba y que nunca iba a ganar un abrazo ni un reconocimiento por parte de él. Y eso me dolía. Esa sensación había afectado considerablemente en mi vida. Fui infeliz por tener una relación tan mala con mi padre. Pensaba que él era uno de los culpables de lo que me pasaba, no había recibido afecto ni reconocimiento, sino críticas y juicios, por parte de él.

ENSEÑANZA

Mis resentimientos ocultan la luz del mundo en mí.

No tengo necesidad de esto. Lo único que quiero es ver.

Lección 85 de UCDM.

Interpreto el propósito de este paso como sacar y dejar de ocultar lo que me hacía daño, por lo que empecé a trabajar en mi dolor y oscuridad. Todos los resentimientos salieron a la superficie para ser sanados. En ese momento, recibí las respuestas del porqué de las enfermedades, el de reprimir por tanto tiempo malos sentimientos, guardándolos para lucir bien y que dijeran que no pasaba nada, que todo está bien. Me lastimó, provocándome diversas enfermedades. La falta de perdón era evidente. Vivir del pasado constantemente era la causa y el efecto del cáncer.

Ahora bien, cada día entendía más y más. Las respuestas llegaban a través del proceso, de los audios, de las lecturas y del compartir de los entrenamientos. A decir verdad, me costaba ser sincera al principio del proceso, pues temía que me rechazaran y que me juzgaran. Sin embargo, con el tiempo me fui soltando y me dije «si no soy honesta, es mejor no hacerlo». Si me autoengañaba, el procedimiento no funcionaría y yo saldría perdiendo, nadie más. Me fue agradando, pues empezaba a ser más consciente, ya no dependía de nadie. Comencé a salir sola y a hacer lo que quería. Eso sí, me perdía al salir. Pero era más independiente en todo y podía tomar mis propias decisiones. Los cambios que se daban en mí eran muy buenos, aunque no tanto para mi familia: el despertar me llevaba a los extremos antes de llegar al equilibrio.

Me dediqué tanto a mí que me volví desinteresada, solo quería estar en ese sitio. Había encontrado un lugar donde me entendían, donde me valoraban y me hacían sentir importante. Al considerar que me había olvidado de mí misma y que había dedicado mucho tiempo a todos los demás, me dirigí al otro extremo y me hice egoísta. Empecé a asignar responsabilidades a los demás, antes había asumido demasiadas cargas. Por ejemplo, siempre que viajábamos, yo preparaba el equipaje para los cinco, haciéndome responsable de todo. Con el nuevo proceso, comencé a delegar sus tareas y a realizar solo las mías. Resultó ser un cambio drástico para ellos, ya que estaban acostumbrados a que yo me ocupara de todo.

Fueron momentos duros para nosotros. Yo había cambiado, me había alejado inconscientemente. Para ser honesta, no me daba cuenta de lo que estaba pasando con mi despertar. Empezaba a sentir algo bueno dentro de mí. Tenía alivio porque estaba obteniendo respuestas y todo iba encajando poco a poco. La persona con la que compartía mi vida era consciente y tenía mucha paciencia conmigo, no me reclamaba nada, aunque estoy segura de que percibía mi cambio al otro extremo, de una mujer que quería hacerlo todo a una que se desentendía completamente.

Yo no lo veía así en ese entonces. Estaba en mi momento de sentirme diferente, preocupándome por mí. Sin embargo, no me agradaba demasiado, pues lastimaba a los demás al fingir ser independiente y con mucho amor propio. Primero, yo; segundo, yo, y tercero, yo. Y si quedaba, también para mí. Estaba volviéndome despectiva y odiosa a causa de lo que me había ocurrido. No me daba cuenta de que me estaba haciendo egoísta, aunque no fuese mi intención. «Es mi vida y debo cuidarla. No voy a permitirme enfermar nuevamente, destruyéndome. Debo disfrutar y vivir como si hoy fuera el último día de mi existencia» me decía. De cualquier modo, continué con el proceso, recordando quién era y qué había olvidado de mí. Estaba decidida a seguir.

El quinto escalón me llevaba a admitir mis faltas ante Dios y ante las personas. No fue fácil en un comienzo, ya que me desconocía y me sentía culpable. Recordaba que mi primer hijito, de nueve añitos, me miraba con su carita de amor y se lanzaba hacia a mí cuando llegaba cansada y sin alientos, pero yo, inconscientemente, lo rechazaba. La culpa no me abandonaba, tenía una sensación horrible, no dejaba de llorar. Nunca había imaginado el daño que le hacía, pues había considerado que era normal. Sin embargo, me remordía la conciencia al recordar esos momentos. «Fui una mala madre, ¿cómo pude hacerle eso a mi hijo?, ¿por qué?» me cuestionaba.

Un día estuve con él en el carro. No paraba de llorar. Mi hijo era distante conmigo en ese tiempo. Yo lo juzgaba y lo criticaba demasiado, siempre prestando atención a los comentarios de algunos miembros de la familia, quienes consideraban que él debía ser como a ellos les parecía. Yo, en busca de su aprobación, les hacía caso y terminaba regañándolo y molestándome con él. Me sentía muy culpable. Después de tanto rechazo, él ya no quería nada conmigo. Para ese momento mi único anhelo era conseguir su amor, pero había perdido el tiempo tratando de cambiarlo de acuerdo a lo que dijeran los demás en cuanto a su forma de vestir o de estudiar, o a que debía ser alguien en la vida.

Por supuesto, le pedí perdón y le dije que había sido una mala madre, pero no fue fácil. Él me veía de la misma forma en que yo lo hacía, le estaba dando el poder de que me siguiera culpando por todo lo que le pasaba, convirtiéndome en la responsable de todo. Un día compartí con mi mentora ese sentimiento que me agobiaba y me tenía en sufrimiento. Sentía que era la peor madre.

—Yeimi, ¿acaso tu querías hacer daño a tu hijo? —me preguntó.

—No, nunca. No lo haría de forma consciente —le dije, sorprendiéndome. Entonces comprendí que lo que hice había sido inconsciente, que estaba dormida. Pensaba que debía criarlo con las creencias y las exigencias del mundo.

TOMANDO CONCIENCIA

La lámpara del cuerpo

Nadie enciende una lámpara y la pone en un lugar escondido ni bajo un cajón, sino en alto para que los que entren tengan luz. Tus ojos son lámparas del cuerpo; si tus ojos son buenos, todo tu cuerpo tendrá luz; pero si son malos, tu cuerpo estará en la oscuridad, ten cuidado de que la luz que hay en ti no resulte oscuridad, pues si todo tu cuerpo tiene luz y no hay en él ninguna oscuridad, lo veras todo claramente, como cuando una lámpara te alumbra con su luz.

Mateo 5:15; 6:22-23.

Ver que me había convertido en una madre controladora, juzgadora y que lastimaba a su familia me hacía seguir despertando y reconociendo mis faltas. En este punto del proceso, había reconocido y admitido mis errores, ahora tenía que hacerlo frente a Dios. Debía aceptar que no valoraba muchas cosas, que no me amaba, que me estaba destruyendo y que tenía muchas posturas que no me correspondían, como la de víctima, la de bondadosa, la de indiferente y la de feliz. Precisaba reconocer que era controladora, que manipulaba para conseguir lo que quería. A veces también era arrogante, me creía perfecta. Había mentido muchas veces, me costaba perdonar. Es más, no prestaba atención ni daba momentos de calidad por estar pendiente de conseguir cosas y de ayudar a los demás. Dejaba a un lado lo que era realmente importante, pero lo hacía de forma inconsciente, solo me dejaba llevar por lo que creía que estaba bien.

Sé que muchas personas dirán «¡terrible!» en este momento del libro. Yo también lo decía. Pensaba que era muy buena, que no me equivocaba, que era la mejor en todo, que siempre ganaba, que nadie podía ser igual que yo en la empresa y que tenía la razón en todo lo que dijera, aunque no fuese así. Muchas personas creen que son perfectas, que no tienen defectos y que todo está bien. Yo consideraba lo mismo. Luego me di cuenta de que me autoengañaba. Sostener todas esas máscaras era un desgaste. Aparentar algo diferente era como cargar con maletas muy pesadas, era frustrante, era desdicha e infelicidad. No lo notaba porque estaba dormida, quería ser esa mujer verraca que no se dejaba, que era fuerte y que no lloraba.

Durante mi infancia fui rechazada, burlada y humillada por ser pobre, así que quería reconocimiento y dinero. Ansiaba demostrarle al mundo qué se debía hacer. Sin embargo, terminé haciendo lo mismo sin darme cuenta. Buscaba aprobación, aceptación, cariño y amor, porque no sentía más que desprecio. A ello se debía mi necesidad de ser amada, todo lo que hacía y daba tenía en ese fin. Quería que me profesaran afecto y que me dijeran que era buena. No obstante, mientras más me esforzaba, menos resultados tenía. Daba esperando algo a cambio, *afecto.*

En ese momento, en cuanto a mi niñez solo recordaba a mi padre distante y poco amoroso. Más tarde, quería ganar su aprobación y su aceptación. Nunca había escuchado palabras como «me siento orgulloso de ti», eso era lo que buscaba. Sin embargo, mi manera de ser y mis actos hacia él me impedían conseguirlo.

Solo lo juzgaba y lo criticaba por sus comportamientos con mi madre.

Admitiendo ante Dios y ante otras personas todas mis faltas, seguí adelante en mi camino hacia la verdad, conociéndome cada día más a mí misma.

EMERGIENDO A LA SUPERFICIE

En aquel día, los sordos oirán las palabras de un libro y desde la oscuridad y desde las tinieblas los ojos de los ciegos verán.

Isaías 29:18.

Honestidad

Seguí adelante, eliminando a cada momento mi oscuridad y observando mis defectos. Al empezar, había considerado que mi único problema era el mal humor. Sin embargo, mientras el proceso avanzaba, pude despertar y hacerme consciente de todas las fallas que tenía. Era controladora, soberbia, orgullosa, dependiente… poseía muchos defectos que no reconocía ni aceptaba. La idea era desenmascarar al ego. Reconozco que en este punto de la historia no fue sencillo encontrar todas mis faltas. Había pensado que era buena, que hacía lo correcto, según mis creencias, y que siempre trataba de ayudar a los demás. Mi función era sacar adelante a mi familia y ser verraca para todos.

Por lo tanto, no juzguéis antes de tiempo, sino esperad hasta que el señor venga, el cual sacará a la luz las cosas ocultas en las tinieblas y también pondrá de manifiesto los designios de los corazones; y entonces cada uno recibirá su alabanza de parte de Dios.

Corintios 4:5.

Seguía el sexto paso. Ya había reconocido y aceptado los defectos de mi carácter. Me quedaba estar dispuesta a que Dios me ayudara a eliminar todo aquello que me hacía daño. Es importante mencionar que me parecía extraño y difícil, pero era la única esperanza que tenía. Creía que si lo hacía, en algún momento todo iba a cambiar. Algo en mí me impulsaba a seguir. Estoy segura de que era Dios, ayudándome, guiándome en ese camino.

No tenía otra opción más allá de ser honesta y dejar de autoengañarme. Había notado que hacerlo no funcionaba, aunque muchas veces fuese inconsciente. Me había mentido a mí misma, me saboteaba diciéndome que nada pasaba, que debía ser fuerte, que nadie me veía. Durante esa parte del proceso era más consciente y veía las cosas de forma más clara. Observaba cómo me mentía a mí misma frecuentemente. Era algo que había permanecido oculto para mí. Sin darme cuenta, había llevado una vida desdichada donde aparentaba una felicidad falsa. Estaba perdida, mi alma y mi espíritu habían estado encarcelados. Me había olvidado completamente de mí desde el momento en que dejé de ser yo por lucir bien y agradar a los demás, queriendo que me aceptaran.

FE Y CONFIANZA

Dios va conmigo adonde quiera que yo voy.

¿Cómo puedo estar solo cuando Dios está siempre conmigo?

*¿Cómo puedo dudar o sentirme inseguro cuando en Él mora
la perfecta certeza?*

*¿Cómo puede haber algo que me pueda perturbar cuando
Él mora en mí en paz absoluta?*

*¿Cómo puedo sufrir cuando el amor y la dicha me rodean
por mediación suya?, soy perfecto porque Dios va conmigo
adonde quiera que voy.*

Lección 41 de UCDM.

Mi fe iba aumentando, día tras día me aferraba más a Dios. Empezaba a creer en un Dios diferente al que me habían enseñado. Confiar y aceptar mis defectos, siendo honesta conmigo misma, era la manera de ir recuperando mi sano juicio, mi cordura y mi esencia. Sabía que las máscaras y los defectos eran obstáculos para mi bienestar, para la felicidad y para la paz que tanto anhelaba.

La angustia y la ansiedad seguían, pero la alergia iba disminuyendo poco a poco. Todavía tomaba medicamentos, aunque en menor cantidad. Mis ansias por terminar el proceso, a fin de conocerme más y encontrar esa tranquilidad que tanto estaba buscando, eran tan grandes que dedicaba todos los días a hacer algo por mí, ya fuese ir a los entrenamientos, entregar las responsabilidades o buscar respuestas. Quería encontrar la paz que necesitaba. Mi mente se mantenía ingobernable, aunque un poco menos. Sin embargo, aún tenía momentos de incertidumbre. Seguía viendo las imágenes que me atemorizaban por las noches. Era una lucha constante. Algo que no era Dios me atacaba, me daba miedo. Tenía un pensamiento molesto hacia mi espíritu, quería dañarme y destruirme, haciéndome creer que debía volver a lo que era, que no había necesidad de cambiar y que el proceso era difícil y me hacía sufrir innecesariamente. Me parecía que ese algo quería llevarme a la muerte. Era una guerra entre el alma y el ego, una batalla espiritual.

GUERRA ESPIRITUAL

Por lo demás, hermanos míos, fortaleceos en el señor y en el poder de su fuerza. Vestíos de toda la armadura de Dios, para que podáis estar firmes contra las asechanzas del diablo. Porque no tenemos lucha contra sangre y carne, sino contra principados, contra potestades, contra los gobernadores de las tinieblas de este siglo, contra huestes espirituales de maldad en las regiones celestes.

Efesios 6:10-12.

No era nada fácil, a veces no podía dormir, luchaba con la oscuridad que el miedo y el temor producían. «Esto no es real, no existe» me decía. Un libro llamado *La batalla de la mente* había llegado a mis manos. Lo leí y encontré mucha información y conexión con todo lo que me estaba pasando. Tomé algunas herramientas de allí para manejar esos momentos oscuros e irreales, donde debía decir «esto no es real, no está aquí. Es lo que quiero creer, pero no es cierto. Dios está conmigo».

Lloré y me arrodillé en muchas ocasiones, sentía que no podía más. Sentimientos de angustia y depresión llegaban por días, pero había algo que era diferente, el hecho de empezar a *despertar*, a ver la realidad. Seguía teniendo esperanza y confianza en que todo iba a mejorar en algún momento. Había días hermosos llenos de dicha por los logros y por ver la realidad, pero otros días eran infernales. Veía videos del doctor Carlos Escamilla y de Salvador Valadez todo el día para no sentirme mal. Mientras más lo hacía, más rápido entraba en consciencia. Era como un acelerador para mi despertar.

Dado a que la alegría y las ganas de encontrar mi tesoro o mi recompensa, que era la felicidad y la paz, seguían dentro de mi ser, me dirigí al séptimo escalón. Ya podía decir que estaba dispuesta a todo, porque había logrado vivir momentos de paz e instantes de felicidad. Había decidido pedirle humildemente a Dios que eliminara mis defectos, para renacer y volver a vivir, a ser, para volver a mi esencia y encontrar mi propósito, sirviendo y dando lo mejor de mí.

Estando *limpia*, entendí que mi voluntad era otra. Había permanecido mucho tiempo haciendo lo que me parecía, sin dirección alguna. Por ese motivo, decidí hacerme a un lado, confiar y mantenerme en el camino que me llevaría a la meta. Seguir adelante era mi único objetivo, aplicando la paciencia, la tolerancia, la honestidad y la humildad. Lo más importante era continuar el proceso que Dios había dispuesto para que encontrara las respuestas. Lo mejor de todo era que ellas estaban dentro de mí. Las preguntas que surgían me ayudaban a recordar, a sacar aquello que me dolía y que no quería recordar del inconsciente, del interior. Aunque no fuese honesta al principio, habría de serlo en algún momento. De este modo, cada día era más sincera conmigo misma. Era mi vida. Había perdido tantas cosas que no estaba dispuesta a perder más.

LOGROS

Seguí adelante con el proceso de encontrar mi tesoro más grande, era lo único que me interesaba. En la casa solo hablaba del sitio y de lo que hacíamos. Me llenaba de alegría contar cómo me sentía, que había mejorado y que la ansiedad estaba disminuyendo. Cada día lograba controlar mejor los ataques de pánico. Me sentía liviana y un poco más tranquila gracias a toda la «basura» que había sacado de mi interior, pero continuaba desechando más a cada momento. Las creencias y las ideologías que habían estado dentro de mí durante mucho tiempo estaban siendo borradas, a fin de volver a creer y a recordar lo que realmente era y de dónde venía. Sabía que había avanzado y tenía la plena seguridad de que todo estaría bien.

LA RECAÍDA

Que los milagros reemplacen todos mis resentimientos.

Lección 78 de UCDM.

Algo inesperado sucedió en noviembre de 2017. Iba a mis controles cada seis meses, estaba a punto de empezar a ir cada año. Acudía a las citas, me tomaba los exámenes y todo salía bien. Al comienzo era cada tres meses, pero luego debía ir cada seis. Había llegado el momento de acudir nuevamente. Tenía un paseo en el Amazonas, así que dije «¿para qué ir si sé que todo está bien?». Quería bajar la guardia, me sentía segura de que todo estaba en orden. «No hay razón para ello, estoy haciendo el proceso, estoy perdonando y estoy sanando. ¡Me encuentro perfectamente!», me aseguraba. Estuve a punto de faltar, pero algo dentro de mí me instaba a presentarme. Por supuesto, lo hice. Realicé todos los exámenes pertinentes y luego, como siempre, iba a que el médico los revisara. Estando allí, la doctora los revisó y me dijo:

—La citología no salió bien, hay cáncer de nuevo.

Yo estaba perpleja, no lo podía creer. «¡Esto tiene que pasar cuando me voy de paseo! Pero me siento muy bien, no tengo molestias, estoy mejor que nunca», pensaba. Sin embargo, los exámenes expresaban que estaba mal. Muy triste y aburrida, le decía a Dios: «pero ¿por qué me ocurre esto? ¿Acaso no estoy trabajando en mí y tratando de cambiar lo que no funciona, lo que me estaba enfermando?». La tristeza me inundaba, odiaba tener que pasar por todos esos exámenes horribles otra vez. Me resistía, temía al dolor y a la muerte.

Sin embargo, fui al paseo al Amazonas y estuve tranquila, disfrutando de su naturaleza y de sus costumbres. Resultó ser un viaje reconfortante para la familia. Aproveché el 100 % de mi permanencia allí. De cualquier modo, no podía hacer algo más que esperar. Practiqué las herramientas que tenía y disfruté al máximo mi visita al Amazonas. Debía enfrentarme a la realidad y asumir el proceso cuando regresáramos.

Me realicé todos los exámenes requeridos para que los doctores determinaran los procesos a seguir. No podía creer que me encontraba de nuevo en esa situación. Me sentía impotente, pero tenía que enfrentarlo. Habría de seguir las recomendaciones después de una junta médica donde establecerían lo mejor para mí. Debían ser precavidos con el caso, pues era una paciente muy joven. En primer lugar, habían dicho que realizarían una cirugía en la que removerían la parte donde estaba el cáncer.

—La radioterapia es mejor. Si se hace la cirugía y queda un rastro, habrá que hacer radioterapia de cualquier forma —objetaron luego.

«¡Ay, por Dios! ¿Por qué me pasa esto?, ¿por qué a mí?» pensaba. Me sentía triste y enojada.

—Creo que no soy tan mala como para que me ocurra todo esto —le dije un día a mi esposo—. ¿Por qué a mí? Ni siquiera a las personas que tienen muchas parejas sexuales les sucede. Pero sí a mí, que no tuve muchos hombres y que he sido fiel en mi matrimonio. ¿Por qué?

Duré poco tiempo con ese pensamiento, pues sabía que mi situación no estaba relacionada a Dios y que él no tenía la culpa de nada. Era el efecto de algo que tenía que seguir trabajando en mí. No podía darme por vencida, había logrado muchas cosas. Además, el cáncer había sido detectado a tiempo, no era avanzado ni tenía un diagnóstico del que no pudiera curarme.

—Dios tiene para grandes cosas para ti —decía mi madre—, porque todo ha sido diagnosticado a tiempo.

Esa era mi esperanza, todo esto tendría que pasar.

Siempre ponía mi mejor cara ante todo. Trataba de pensar positivamente, de seguir trabajando en mí, de leer, de mirar cosas que aportaran a mi vida. Estaba pasando finalmente y debía afrontarlo. Ahí estaba nuevamente, batallando contra lo que yo misma había creado.

AGRADECIMIENTO Y ACTITUD

La verdad corregirá todos los errores de mi mente.

Lección 107 de UCDM.

Me equivoco al pensar que hay algo que pueda hacerme daño. Soy el hijo de Dios, cuyo ser descansa a salvo en la Mente de Dios.

Dar y recibir son en verdad lo mismo.

Lección 108 de UCDM.

Empecé a cambiar mi forma de pensar. «Estoy sana, todo estará bien, esto surge y desaparece» me repetía. Le hablaba a Dios y le decía: «¡ayúdame!, no puedo sola». Le imploraba, le rogaba que me socorriera. Luego recordé que debía reconocer y ver las cosas como aprendizaje. En ese momento quedaba agradecer porque estaba viva, tenía esperanza y tenía solución. De modo que comencé a dar las gracias por cada cosa, por cada examen, por el servicio. Todo el proceso de exámenes y demás había ido bien. Las cosas iban a mi favor en ese momento de adversidad, debía ser agradecida.

Cumplí mi tratamiento reconociendo y aceptando lo que pasaba. Finalmente, no realizarían la cirugía, sino radioterapia. Me recetaron treinta radioterapias y cuatro braquiterapias. Estaba asustada, no sabía qué era eso. Quería seguir con mi proceso de autoconocimiento, aunque en un momento me cuestioné si valía la pena seguir. Había supuesto que mi vida sería amena, pero luego descubrí que no, que debía afrontarla, que solo podía tener un cambio de actitud según las circunstancias. Habría de ver el lado bueno de todo, entendiendo que cada cosa que me ocurriese tendría influencia en mi crecimiento y desarrollo personal. Podía parecer simple y sencillo, pero no era así. Por más fuerte que fuese, me dolía pasar por eso. Tomarme citologías constantes y recordar el dolor era abrumador, pero seguía en mi lucha por cambiar mis pensamientos, por transformar lo que no funcionaba, por ver la realidad y por despertar cada día más.

Siempre pasaban cosas para que yo no siguiera mi camino, para que desconfiara y no volviera al proceso. Sin embargo, nada me detuvo. Hubo ocasiones en las que perdí mi fe en Dios gracias a lo que estaba ocurriendo, pero él era mi única esperanza. No iba a rendirme tan fácilmente esta vez. Estaba determinada a terminar el proceso. Antes no finalizaba lo que empezaba, pero esta vez era diferente. ¿Qué más podía perder? No quedaba nada, ya me había pasado de todo.

RENACIENDO

El señor mismo marchará al frente de ti y estará contigo;
nunca te dejará ni te abandonará. No temas ni te desanimes.

Deuteronomio 31:8.

Entonces permanecí y me dispuse al tratamiento. Empecé las radioterapias. Parecía sencillo, la máquina solo giraba en torno al cérvix. Había una marca precisa para que llegara al punto exacto donde estaba. Apenas comenzaba, pero habría de recibir treinta. No era doloroso, solo debía acostarme y dejar que la máquina irradiara mi cérvix, era cuestión de tiempo y de paciencia. En las primeras sesiones tuve náuseas, vómito incontrolable, una sensación de fastidio en la garganta y un sabor extraño, parecido al de algún medicamento, era desagradable. Antes había tenido buen apetito, comía cualquier cosa, pero desapareció con las radioterapias. Mi madre siempre estaba al pendiente y me hacía comer y tomar jugos que fortalecieran mi sistema inmunológico. Ella era un angelito. Mi padre iba a verme y me llevaba frutas. Mis hermanitos me visitaban los fines de semana.

Mi madre no podía acompañarme en esos momentos, pero mi esposo siempre estaba conmigo. Una gran amiga representó mi paño de lágrimas durante el tratamiento. Con su sonrisa y su forma de ser, hacía que todo lo que pasaba alrededor del dolor se viera y se sintiera mejor. Mi amiga, Shirley Urbano, fue un angelito que Dios me envió para que esos días no fueran tan horribles. También estuvo mi tía Nubia, quien viajó desde Neiva para llevarme una receta de pescado que me daría fuerzas. Las compañeras de gimnasio emocional también estuvieron presentes y me acompañaron en algunos momentos de tristeza. Siempre estaban dispuestos a ayudarme en mi camino al despertar y a la recuperación.

Pocas personas me visitaron. Los amigos de fiestas, de festejos, de comidas y de rumba nunca acudieron, lo que me entristeció bastante. Entonces noté que tenía pocos amigos verdaderos para ese tipo de circunstancias.

Continuaba en mi camino de autoconocimiento, hallando respuestas de lo que pasaba en mi vida. Seguía con las radioterapias. Los síntomas cambiaban día tras día. Cuando iba por la tercera sesión, algo en el examen anunciaba que no estaba bien. Entonces decidieron realizar de nuevo la prueba de inicio para que las medidas encajaran y la parte de radiación estuviera marcada correctamente, de forma que no afectara a los órganos sanos. Estaba me alegre y tenía mucha esperanza en que me dieran de alta.

RESISTIÉNDOME

«Porque yo sé muy bien los planes que tengo para ustedes», afirma el señor, «planes de bienestar y no de calamidad, a fin de darles un futuro y una esperanza».

Jeremías 29:11.

Siempre esperaba un mensaje divino o un milagro que me sacara de esto, pero tenía que seguir. Durante el tratamiento tenía presente la imagen de Jesús cuando le pedía a nuestro Padre, Dios, que lo librara del dolor y la crucifixión, que lo salvara. Así decía yo: «¡por favor, ayúdame!». Deseaba que el cáncer se detuviera y que los exámenes demostraran que no tenía nada, que había ocurrido un milagro y que Dios me había curado. Pero ese momento no pasó. Aunque tenía la esperanza de que algo así sucediera, entendía que la enfermedad era producida por lo que había pensado y creído. De modo que me mantuve en el proceso de las radioterapias.

Sin embargo, hubo un momento en el que no quería continuar. Me sentía demasiado mal para seguir recibiendo el tratamiento. El desánimo, las náuseas y la falta de apetito me deprimían. De modo que eludí las siguientes sesiones. Según ellos, me llamarían para reiniciar con el tratamiento, pero yo no quería asistir. Esperaba que no lo hicieran. Me resistí tanto internamente que conseguí que no me llamaran. Tenía miedo. A veces prefería no tratarme y confiar. «Dios debe sacarme de esto», me decía. Estaba dándole órdenes a Dios, el miedo me estaba invadiendo.

Dejé de asistir durante casi dos meses, ni siquiera iba a preguntar. Insistía en que no quería hacerme más radioterapias, pues eran terribles y no me apetecía pasar por eso.

—Dios está con estos doctores y todo estará bien —me dijeron mis padres un día—. Debes seguir, Yeimi. Hazlo por tus hijos, ellos te necesitan. Dios tiene para grandes cosas para ti. Si debieses dejar el mundo, las cosas serían diferentes y tal vez el cáncer estaría más avanzado. Pero todo ha sido a tiempo, tienes a disposición la forma de erradicarlo y recuperarte.

AFRONTANDO

El corazón del hombre traza su rumbo, pero sus pasos los dirige el señor.

Proverbios 16:9.

No era fácil. Llegó el momento de seguir mi camino y debía luchar hasta que Dios me permitiera vivir. Sabía que todo era consecuencia de mis actitudes, de mis acciones y de mi manera de pensar, pero no podía ir al pasado a arreglarlo. Tenía que vivir el presente, afrontar las consecuencias, aceptarlas con amor y cumplir el propósito que Dios tenía para mí. Además, tenía una familia y mis tres hijitos me necesitaban, no podía darme por vencida. Así que seguí adelante. Llamé a los médicos y retomé el tratamiento, debía asistir los días.

Un día decidí salir de ahí y seguir con el proceso que llevaba conmigo misma sobre ver la realidad y encontrar las respuestas que tanto quería. Así que me dirigí al sitio. Estando allí, sufrí un episodio de vómito que no paraba. Ese día había llevado el carro y estaba a una hora de la casa donde vivía. Fue terrible. Una amiga me acompañó. Estuve vomitando todo el camino, no podía controlarlo. De alguna forma inexplicable para mí, pude manejar. Nunca me había pasado algo así. Aunque me sentía débil, debía llegar a mi casa. Me estacioné con mucho cuidado y entendí que no podría volver físicamente.

Conforme a lo sucedido, se me reveló un espacio virtual que me permitiría continuar mi proceso de despertar y autoconocimiento, sanando cada día más. Este espacio era muy significativo para mí, pues podía conectar conmigo y con Dios. Es importante recalcar que me mantuve firme y llena de esperanza a pesar de todo. Saldría adelante y encontraría la respuesta a lo que estaba ocurriendo.

CORRIGIENDO MIS FALTAS

El perdón es la llave de la felicidad.

Lección 121 de UCDM.

La mente que no perdona vive atemorizada e impide que el amor se desenvuelva y despliegue sus alas en paz, remontándose por encima de la confusión del mundo. La mente que no perdona está triste, pues no tiene esperanzas de hallar alivio o de liberarse del dolor.

Algo en el octavo escalón me haría ir más allá, hacia una lista de personas a las que había lastimado. Aunque reconocerlo y aceptarlo era complicado, Dios me ayudaba a recordar y a reconocer que en realidad yo también había causado mucho daño. Al querer defenderme, terminaba haciendo lo mismo, porque siempre decía «espera y verás». Tenía resentimientos, pero Dios me guiaba y me hacía entender las cosas tal como habían ocurrido. Estando despierta, era capaz de observar el daño que había hecho, lo que me llevaba a perdonarme a mí y a los demás.

Pude entender que yo misma había permitido que me lastimaran aquellas personas de quienes buscaba amor y aprobación. Yo también los había criticado y juzgado, haciendo lo mismo que ellos. Quería defenderme al pensar que me atacaban. Luego comprendí que cada quien daba lo que tenía, que su intención nunca había sido lastimarme. Tal vez solo habían querido cuidarme, haciendo lo mejor posible con la información y las creencias que tenían. Había aprendido mucho de ellos y todo lo que me habían hecho se debía solo a su manera de ser, lo hacían inconscientemente. Mi mente despertaba ante estas revelaciones, reconociendo todas mis faltas.

Siempre había juzgado a mi esposo, cuando yo misma había decidido asumir tantas obligaciones. No era culpa de nadie, solo era mi responsabilidad. Cada cosa que pasaba en mi vida al querer controlar todo desgastaba y enfermaba mi cuerpo. Sabía que debía perdonarme y pedir perdón por mis faltas, especialmente a mi padre, por haberlo juzgado tanto, por criticarlo y por actuar de forma despectiva y odiosa, rechazándolo y teniendo una pésima relación con él. Era hora de aceptar, de reconocer y de enmendar todo lo que había hecho inconscientemente. Asimismo, debía pedir disculpas a mi hijo mayor por tantos juicios y rechazos a su forma de ser. Y a mi familia, ya que habíamos sufrido muchos momentos de dolor y rabia. Apenas comprendía que eran sus creencias y su manera de ver la vida, las cuales debía respetar. Además, yo había hecho lo mismo.

Debía reparar los daños que había causado. Me daba cuenta de que no había nada que perdonar, sino mucho que comprender. Era el momento de despertar más. Dios me dejaba ver todo con mucha claridad y me daba la sabiduría para comprender. Era la hora de sanar.

Mi propósito era ser honesta y encontrar a quién había ofendido y agredido. Debía tomar la responsabilidad de mis actos y tener el valor para corregir y perdonar. En este punto, una de las respuestas era clara, la falta de perdón con algunos seres humanos de esta lista. Noté que llevaba más de veinte años con un sentimiento de rabia y resentimiento que no había podido sacar y transformar. Esa era la causa o el origen de la enfermedad, la cual me recordaba que debía cambiar y perdonar. Pero desde el corazón digo que fue difícil. Me resistí a pedir perdón y tener una conversación sana con cierta persona. De hecho, fue casi la última en reparar.

EFECTOS DE LAS RADIOTERAPIAS

Y después de que ustedes hayan sufrido un poco de tiempo, Dios mismo, el Dios de toda gracia que los llamó a su gloria eterna en Cristo, los restaurará y los hará fuertes firmes y estables.

1 Pedro 5:10.

Las radioterapias seguían. El ardor se incrementaba día tras día, sentía como si me estuvieran quemando. Fue traumático. Tuve que colocarme paños húmedos, pues el calor y la quemadura se hacían más intensos cada día. Apenas podía comer cosas sólidas. El miedo de ir al baño era horrible, tenía estreñimiento. Por eso prefería no comer nada más allá de líquidos, jugos y caldos.

No obstante, el tratamiento se hizo más llevadero y me iba acostumbrando a las sensaciones y a los dolores que causaba ir al baño. Todos estos órganos estaban siendo afectados. Sin embargo, siempre trataba de mostrar mi mejor actitud y seguir con los pensamientos positivos y de esperanza. Oraba y seguía en reposo. A veces iba a la empresa, pero no podía soportarlo: me daban náuseas y me sentía muy mal. El contacto con el computador me quitaba energía. Las radiaciones me debilitaban gracias a las fuertes quemaduras que producían. Sentía que cargaba un horno en candela viva a todo dar.

Las noches eran grises para mí, el ardor no me dejaba dormir, era más fuerte con cada día que pasaba, además de que aparecían más quemaduras. Se trataba de una experiencia muy traumática. Sentía que nada iba a ser igual. Por otro lado, me preocupaba no volver a tener relaciones, pues decían que no iba a ser igual, que mis dos partes íntimas iban a terminar selladas. Era horrible. El miedo me invadía y lloraba cada vez que esos pensamientos llegaban a mi cabeza. «¿Y ahora, mi esposo? ¿Qué será de esta relación?» decía. Era consciente de que la vida no se basaba en tener sexo, pero era algo importante en una relación. Pregunté y busqué la manera de que esa parte no se cerrara. Finalmente, encontré algunos productos que me ayudarían. Estaba sellada por la inflamación que producía la radiación. Sin embargo, empecé a utilizar esas herramientas. No eran agradables, sino más bien dolorosas. Se me salían las lágrimas al hacerlo, pero funcionaba. Tenía fe y confianza en que todo mejoraría.

Continué con el tratamiento, no podía esperar a terminarlo. Los días se hacían largos, pero debía seguir adelante a pesar de las circunstancias, tanto por mis hijos como por mi vida. Tenía esperanza y eso me mantenía con fuerza.

Mi vida se hacía más suave y ligera durante el proceso de autoconocimiento, descubriendo cada día más mi oscuridad, mirando y entregando mis defectos. Experimentaba momentos de paz y tranquilidad donde recuperaba la cordura, también regresaban mis viejas maneras de ser. Luchaba contra el ego. Era una batalla frente a la carne y el espíritu. Sabía que todo iba a pasar en algún momento, que debía tener paciencia y seguir caminando.

DISPUESTA A LA LIBERTAD

Dios es el amor en el que perdono.

Lección 46 de UCDM.

Aquellos que perdonan se liberan a sí mismos de las ilusiones, mientras que los que se niegan a hacerlo se atan a ellas.

Empezaba un desafío nuevo. Aunque no era fácil, sabía que me llevaría a progresar más. Si quería ver resultados verdaderos, debía enmendar físicamente mis errores y faltas. Lo primero que debía hacer era aceptarlo. Siendo honesta conmigo misma, en el noveno escalón tuve que pedirle a Dios que me diera el valor para conseguirlo. Era difícil dirigirme a alguien y decir «te perdono y me perdono», pero estaba dispuesta a todo. Sabía que este era mi boleto a la liberación de mi alma y que renacería a través de la aceptación. Así que empecé con mis primeras enmiendas.

La primera y la más deseada era la de mi hijo, mi alma me lo pedía a gritos. Programar una cita con mi hijo para hacer la enmienda fue maravilloso. Aunque lo amaba, lo había lastimado inconscientemente. Había llegado la hora de reconocer mis faltas, haciéndome responsable de ellas, afrontando y dando la cara. Mi hijo lo entendió. Fue una reparación impecable. No hubo llanto, juicios, víctimas ni polémicas. Al contrario, fue asombroso. Una de las cosas que más me gustó sobre esa reparación fue encontrar la manera de que asumiera la responsabilidad de su vida. Él solía decir que yo era culpable de todo lo que le pasaba.

—Me perdono por haberte hecho daño, nunca fue mi intención —le dije—. Pensé que lo estaba haciendo bien, hice lo mejor con lo que tenía, con el conocimiento y las creencias que manejaba. A partir de hoy, eres responsable de lo que haces. Ya no me siento culpable. No podemos arreglar el pasado, pero estoy dispuesta a dar lo mejor de mí, a amarte incondicionalmente, a dedicarte tiempo de calidad, a que disfrutemos el aquí y el ahora, a entenderte, a no juzgarte, a no criticarte. Serás quien eres y nunca más dejaremos que alguien se inmiscuya en nuestras vidas ni en nuestra esencia. Debes hacer lo que tu corazón quiera y ser lo que realmente eres. Te amo muchísimo.

Ese día comimos su comida favorita, hamburguesas. Fue mágico y hermoso, nunca lo olvidaré.

Todo empezó a cambiar a partir de ese momento. Nuestra relación comenzaba a ser diferente, ya no había motivo para sentirme culpable. Sentía que me había librado de una gran carga, tenía un nuevo inicio. Mi hijo y yo habíamos establecido una nueva relación donde el respeto y las responsabilidades pertenecían a cada uno, donde me comprometía a compartir y a disfrutar cada momento con él sin juzgar y sin criticar, aceptándolo tal como era, dándole lo mejor de mí.

Seguía mi esposo. Le pedí perdón por haberlo idealizado y por haber querido cambiarlo. También por criticarlo y juzgarlo constantemente. Era un ser maravilloso, siempre aguantó mis malcriadeces, mis gritos, mis cantaletas y demás. Yo me preguntaba frecuentemente por qué nunca se quejaba ni me reclamaba.

Luego entendí que él me enseñaba a estar calmada, sin opiniones y sin querer tener la razón. Comprendí que todos estaban para enseñarnos. Había aprendido muchas cosas de él, pero no podía ver su grandeza, pues había estado dormida o sumergida en ilusiones y fantasías. Vi claramente el ser grandioso que era. Siempre había estado ahí para mí, nunca me juzgaba ni me criticaba, solo me amaba y me dejaba ser. Antes no lo había notado, solo veía los defectos y lo que debía cambiar. Más tarde desperté en cuanto a lo que pasaba en la relación. En mi ceguera, trataba de ser una buena mujer.

Había pensado que debía ser así, ya que en mi niñez había visto cómo mi madre sufría en algunos momentos de su vida. «Yo no voy a permitir eso, no seré como mi madre, sumisa. A mí no me van a ver la cara» me había dicho. Por este motivo, necesitaba tener el control sobre todo: no quería que me pasara lo mismo. Sin embargo, terminé siendo agresiva. Al tomar conciencia, consideré que debía cambiar todos los patrones y creencias que había creado. Mi esposo siempre había estado ahí para mí, merecía ser enmendado. Yo había hecho lo mejor que podía, dando lo mejor de mí. Tenía su felicidad por encima de la mía. Mi falta de amor propio, mis pensamientos y mis creencias erróneas no eran mi culpa, sino producto de mi inconsciencia. Pensaba que era la manera correcta de hacer las cosas, pero estaba equivocada. Luego reconocí que él estaba conmigo para ayudarme a trascender y enseñarme muchas cosas. En realidad, tenía que arreglar en mí todo lo que no me gustaba de él.

Al estar despierta, viendo las cosas de forma clara, observé que me juzgaba y me exigía tanto que hacía lo mismo con los demás. No ofrecía el afecto que quería recibir. Aceptar la realidad era muy cruel. Ser inconsciente respecto a las consecuencias de mis actos me lastimaba a mí misma y a los demás. Al reconocer y aceptar esta situación, fui honesta, me perdoné y pedí perdón por todas esas conductas. No había sido yo misma, sino un ser falso que me hacía actuar así. Era inconsciente sobre el daño que causaba a otras personas. Gracias a Dios, estaba empezando a despertar y a tener la oportunidad de corregir mis fallas. Era una manera de liberarme y de liberar a los demás.

Era el turno de mi padre, un ser que había criticado muchísimo. De niña vi muchas cosas que no me gustaban. Su manera de ser, su falta de afecto y su ausencia como padre crearon en mí esa falta de amor y de cariño. Generó temor, llevándome a rechazar su valor. Luego entendí que no había querido hacerme daño, solo estaba luchando por su vida, que no había sido fácil. Deseaba mejorar cada día y se esforzaba al máximo. Había sido un niño rechazado y humillado viviendo bajo la pobreza. Además, no había recibido mucho amor. Al haber aprendido eso, se mostraba arisco, pues pensaba que era el modo correcto de vivir.

Había dolor en mi corazón, sentía que él me atacaba, que nunca me reconocía, que solo veía lo malo que tenía. Sin embargo, durante mi proceso de autoconocimiento, pude observar que yo lo trataba de la misma forma, pero no me daba cuenta. Él también se encontraba atacado y rechazado por mí, por lo que se defendía y actuaba de esa manera. Todo se hizo más claro, podía entender lo que él veía. Ambos nos sentíamos mal y cada uno, en su orgullo, se alejaba de su verdadera esencia.

Gracias al proceso, realicé una buena enmienda al citar a mi padre para perdonarme y pedirle perdón. Fue difícil. Ese día me sentí mal, tuve náuseas, dolor de estómago y de cabeza, pero nada me impediría asistir. La enmienda no debía tener críticas ni juicios, sino que tenía que realizarse de manera asertiva, sin señalar ni hacer sentir mal a ninguno de los dos. Debía ser humilde y honesta para obtener un buen resultado. Habría conciencia. Fue el acto más hermoso que pude hacer. Me liberé de una carga más en ese momento. Tuve un nuevo comienzo para la relación con mi padre. Todo empezó a cambiar. Comencé a dar aquello que quería para mí, reconociéndolo como el ser que era, amándolo como mi padre. Entendí que él hacía su mayor esfuerzo para darnos lo mejor, que solo necesitaba nuestro amor y no nuestro rechazo.

Percibí que se resistía en el primer abrazo, su cuerpo estaba rígido. Tal vez no había experimentado un verdadero abrazo de amor por parte de su hija. Él no lo había permitido, solo daba palmaditas con sus dedos, decía «¡ya, ya!». Sin embargo, ese día lo abracé bien por primera vez.

—Padre, no lo voy a soltar hasta que relaje sus hombros y se permita abrazarme —expresé.

Le tomó unos segundos, pero al rato era él, mi padre, el ser que me había dado la vida, manifestando su amor en ese abrazo. Juntos, recordamos lo que realmente éramos.

—Quiero que me abrace así siempre que nos veamos —le dije.

Fue de ese modo. Me había visto reflejada en él. Al pensar en que nos parecíamos, me sentía orgullosa de él y de ser su hija.

Continué con mi trabajo en pro de mi recuperación, de mi esencia y de autoconocimiento a través enmiendas donde reparaba a cada persona que había sido víctima de mi inconsciencia. Ahora era el turno de mi hija. Al ver mi manera de ser, ella seguía mis pasos: gritaba, criticaba y juzgaba. Le había hecho daño sin darme cuenta, pero no era mi ser real y ya no sentía culpa. Estaba dispuesta a hacer lo conveniente para enmendar. Mis hijitas, en su inocencia, solo escuchaban. Fueron reparadas por mis actos de amor y de cambios. Mi presencia en momentos de calidad era el alimento para su espíritu.

Mi madre, un ser maravilloso al cual amaba muchísimo, me mostraba muchas cosas que debía cambiar. Era una mujer incondicional que siempre estaba ahí para mí, dando lo mejor de sí. Le pedí perdón por haberla criticado y juzgado al querer convertirme en un dios que le solucionaba todo, sin dejarla ser ella, sin darle el valor que se merecía; al estar siempre pendiente de hacer y de tener. A partir de entonces, nuestra relación se fortaleció cada vez más.

Mi madre siempre me recordaba quién era, pero yo no podía verlo, lo que me molestaba. «Es mi vida y mi madre ya tuvo la suya. Yo quiero vivir, seguir en mis proyectos y trabajar para darle lo mejor a mis hijos» pensaba. Ella, por su parte, me aconsejaba no descuidarlos, pero yo no hacía caso, me rebelaba y malinterpretaba sus comentarios. Luego entendí que ella solo quería ayudar y que lo hacía en su amor hacia mí. Tenía razón en muchas cosas, pero, al ser inconsciente, yo no lo veía. Comprendí que tenía que ser de ese modo: debía pasar por muchos aprendizajes y caídas para despertar a la realidad. Como madre, quería evitar tropiezos a mis hijos. Sin embargo, durante el camino aprendí que cada ser humano debía vivir las experiencias que se requirieran para crecer espiritualmente. No podía esperar que se hiciera todo como yo quería, porque definitivamente había venido a este mundo para vivir experiencias.

PAGANDO MIS DEUDAS EMOCIONALES Y ECONÓMICAS

La luz del mundo le brinda paz a todas las mentes a través de mi perdón.

Lección 63 de UCDM.

Yo soy el instrumento que Dios ha designado para la salvación del mundo.

Seguía haciendo enmiendas con cuanta persona recordaba haber lastimado, como a quienes tomaba el pelo para pagarles o a quienes había dicho una mala palabra. Recuerdo que una vieja deuda de años atrás llegó mientras trabajaba todas esas reparaciones. Mi acreedora me recordaba por una frase y le dolía la manera en que se lo había dicho: «pues no voy a dejar de alimentar a mis hijos para pagarle a usted». En ese momento dije «¡por Dios!, esa señora recuerda esa palabra y yo no». Sin embargo, sí me acordaba de que en entonces había pasado por una quiebra financiera y mis hijos estaban pequeños. Tal vez sí le había dicho eso. Lo acepté e inmediatamente hice su reparación. Lo entendí y decidí dar la cara, expresándole que sentía mucho mi comportamiento.

Pedí perdón por haber sido tan grosera, aunque las circunstancias y mis hijitos pequeños me hubieran hecho actuar así.

También le agradecí por haber colaborado con nosotros. Finalmente, le entregué dinero y le di las gracias de nuevo. Fue una reparación más, pues esa frase había quedado en su mente y en su corazón, creándole un resentimiento hacia mí. Ahora ambas nos habíamos liberado. Sacó de su corazón ese sentimiento que le hacía daño, porque era ella quien recordaba la frase. Comprendí que ella había sufrido por eso que parecía tan simple. La había lastimado bastante.

CAMBIOS Y TRANSFORMACIÓN

Los milagros se ven en la luz.

Lección 91 de UCDM.

No percibir la luz es percibir la oscuridad.

Me mantuve caminando, había encontrado más paz y tranquilidad. Me veía y me sentía más liviana y feliz, ya no me avergonzaba al reconocer lo que era. Mi oscuridad y mis máscaras se habían caído, ya no era importante lucir bonita y que la gente pensara bien de mí. Al contrario, tenía un efecto radiante de luz que aparecía cada vez que reconocía mi esencia y mi oscuridad.

Las radioterapias continuaron, cada día tenía más quemaduras y estaba más sensible. El tratamiento no era doloroso mientras se procedía a irradiar la zona, sino que el ardor y la incomodidad al ir baño llegaban después de la radiación. De mala gana hube de quedarme quieta, cuidándome, consintiéndome, haciéndome baños, aplicándome cremas, comiendo saludable, reflexionando sobre lo que sucedía en mí, siendo paciente, aguantando el dolor al ir al baño, aceptando la situación, reconociendo mi ser y admitiendo mi impotencia.

Debía asumir el tratamiento de radioterapia. Como decía antes, era cada vez más fuerte. Tenía la sensación de exponerme al sol una y otra vez. Mi piel empezaba a oscurecerse, mis partes íntimas se cerraban por la inflamación. Los médicos decían que todo iba a terminar sellado, quedando como un bebé. Me preocupaba, preguntándome cómo serían las relaciones sexuales con mi esposo al tener esa condición. Afortunadamente, como todo tenía solución, el médico daría instrucciones para ayudarme a mejorar esa parte, evitando problemas en las relaciones y en las muestras de la citología. Puede parecer muy sencillo al escribirse, pero me encontraba en medio del dolor y la angustia. Siempre estaba dispuesta a dar todo de mí para recuperarme y volver a la normalidad.

Tenía esperanza y me mantenía firme. Sufrí momentos de temor y miedo, pero continuaba en el camino de sanar mi cuerpo y mi mente en un viaje hacia mi interior, recordando quién era. Iba recuperándome poco a poco de mi inconsciencia y del pensamiento de ser solo un cuerpo. Este último había funcionado como medio de comunicación que me avisaba si me estaba olvidando de mí misma. Me alertaba de lo mal que estaba pensando y actuando con mi ser, pues lo estaba destruyendo y enfermando al preocuparme más en conseguir y en hacer. El ego me había hecho ocupar todo el día para no hacerme cargo de mí, quería matarme. Pero yo había tomado ventaja sobre él y estaba más despierta que nunca. Había visto claramente que yo nunca iba a morir, porque Jesús había venido a la tierra para mostrarnos, en su experiencia humana, que el cuerpo moría pero el alma no; para resucitar a los tres días. Nos enseñó que somos vida eterna, que nunca moriremos.

A pesar de que sabía que todo acabaría muy pronto y que encontraría la respuesta, intentaba terminar rápido con el tratamiento, deteniendo el dolor que causaba y los sentimientos de rabia que padecía. Había momentos en los que la tristeza, la frustración y la impotencia se apoderaban de mí. Lamentaba no haber hecho algo antes a fin de evitar lo que estaba pasando. Sin embargo, recordaba que cuando había empezado a hacer algo por mí, me habían diagnosticado de nuevo. Luego entendía, gracias a estar en el proceso, que había vivido muchos años de inconsciencia. Esas viejas creencias y conductas no desaparecerían de la noche a la mañana. Así que debía asumir las consecuencias de mis actos pasados. En algún momento, todo se corregiría y el efecto cambiaría. Estaba en camino y así sería.

Debía tener paciencia y seguir caminando, transformando lo que no funcionaba y corrigiendo todas mis faltas y errores. De este modo vería la luz al final del túnel, la luz que tenía, pero que estaba oculta por mis defectos. Las máscaras del ego que habían habitado en mí durante mucho tiempo se iban disolviendo poco a poco, solo quedaría mi verdadero ser. Observar, reconocer mis faltas y reparar los daños causados hicieron de mí una mujer más segura, tranquila, agradecida y amorosa. Veía en mi cuerpo la sanación, sacando cada esquirla de resentimiento y falta de perdón. Le estaba dando paso a un nuevo nacimiento. Ya casi terminaba las treinta radioterapias.

Ansiosa de que terminara, insistía en que quizás ya no necesitaba más. Algo me decía que debían realizarme un examen. Creía que el cáncer se había eliminado, esperaba que me dijeran «un milagro pasó y no hay necesidad de tratarse más». También tenía intervenciones del ego haciéndome creer que Dios no me quería, pues, si me hubiese amado tanto, me habría concedido un milagro. Siempre trataba de persuadirme con pensamientos falsos para que dejara de amar a Dios, para que nuevamente le diera órdenes a Dios.

Sin embargo, nada de eso sucedía. Llegaba la visión real donde era consciente de que debía asumir y aceptar las causas de mis errores, así como ser agradecida. Todo acabaría pronto. Seguía con el tratamiento, ya faltaba poco. Me sentía impotente cuando el dolor se manifestaba. Estaba algo inconforme, me preguntaba por qué Dios no me ayudaba y me sacaba de ese sufrimiento. Era por momentos, no todo el tiempo. Luego recordaba las palabras de mi madre, esas palabras alentadoras y sabias donde me decía que todo tenía un propósito, que Dios tenía grandes cosas para mí, que teníamos que ser agradecidas, pues estaba a tiempo de sanar, y que tenía otra oportunidad de vivir. De esa forma, regresaba a la cordura y a la realidad. Me daba cuenta de que el milagro ya habitaba en mí: era estar viva. Además, tenía muchas más bendiciones y regalos que no veía cuando estaba en temor y miedo, pero que recordaba al sentirme mejor.

Me sentía feliz al llegar a la radioterapia veintinueve. El sufrimiento acabaría pronto, todo mejoraría y estaría recuperada, viviendo en felicidad. Seguiría en el camino que habría de llevarme a la paz que tanto quería y a las respuestas a todas mis preguntas.

Haciéndome responsable de mis sentimientos y de mis actos, permanecía en mi recuperación tanto física como espiritual, atendiendo las dos partes. Las había abandonado durante mucho tiempo, especialmente a la espiritual, ya que la física era consecuencia de ese abandono. Faltaba poco y procedería al siguiente paso para sanar completamente del cáncer y eliminar las células cancerígenas en totalidad. Era como un sellante para no dejar huella de nada. Se escuchaba muy bien, pero fue lo más horrible, doloroso y traumático que hubiera podido experimentar. Seguían las braquiterapias, que consistían en una especie de pene irradiador de acero. Lo introducían y tenía que encajar bien. Sin embargo, resultó muy doloroso debido a la inflamación producida por las radiaciones puestas allí.

Invocaba a Dios al empezar cualquier procedimiento o tratamiento. Le decía «¡gracias!, sé que todo esto va a pasar y te entrego este momento, este dolor o esta situación. ¡Gracias, Dios! Tengo miedo, pero sé que estás conmigo, ayudándome a ser fuerte. Gracias por la fortaleza, el valor y la esperanza que me das». Siempre le decía y le entregaba lo que sentía, como el miedo.

El primer día de braquiterapia sentí a Jesús en la cruz en el momento en que introdujeron en mí el aparato que iba a irradiar directamente la zona afectada. Nunca olvidaré ese momento de dolor. Jesús crucificado apareció en mi mente, pude sentir lo que sintió en la cruz. Lloré bastante antes y después de eso. Sabía que iba a pasar, pero me mortificaba recordar que todavía me quedaban cuatro sesiones. Tenía miedo de que ocurriera nuevamente. Sin embargo, no fue así. Día tras día era más sencillo. Mi cuerpo se acostumbró, solo debía respirar y encomendarme a Dios. Saldría de eso y todo terminaría.

Luego de las cuatro braquiterapias puestas en mí, llegó la alegría de terminar ese proceso de sanación del cuerpo a través de la gracia de Dios y de los expertos que fueron elegidos por él para sanarme. Ese mismo día fui a agradecerle a cada ser humano que había puesto sus manos en mí. Veía en ellos el amor de Dios. Sus milagros se veían reflejados en absolutamente todo, en las personas que me atendían, dándome las citas rápido; en los de caja; en las enfermeras; en todo el equipo médico. Ellos eran a mi parecer los regalos de Dios. Sus milagros permitían que tuviera lo mejor, una atención óptima. Siempre fue una bendición, ya que todo me salía bien, no tenía queja alguna. Lo más hermoso era que Dios lo permitía. El grupo de cancerología de Bogotá me prestó el mejor servicio, un servicio de calidad.

Había terminado el tratamiento, procedía mi recuperación en casa, tomando jugos para subir las defensas y comiendo suave y ligero. Estaba viva y llena de esperanza. Al volver al control de seguimiento, se hicieron los respectivos exámenes de rutina para ver cómo había reaccionado al tratamiento. Efectivamente, estaba libre de cáncer, sana, no tenía nada. Una felicidad enorme regresaba a mi vida, nacía nuevamente.

Estaba decidida a seguir mi camino hacia la realidad. Lo que me había ocurrido no había detenido el deseo ardiente de la verdad, de despertar. Sabía que el ego quería que me rindiera, que me quejara, que hiciera culpable a Dios de lo que pasaba y que me saliera de mi camino. Pero no fue así, no lo consiguió. Al contrario, me daba más valor y fuerza para seguir. Nunca paré. Confiaba en Dios, sabía que todo iba a pasar, que él me amaba y que solo quería lo mejor para mí. Todo lo sucedido me ayudó a acercarme más y más a Dios.

Me encontraba más convencida. Seguía en la búsqueda de respuestas y solo podía obtenerlas al entrar en mí. Aclaraba cada momento, cada sentimiento reprimido, cada máscara, cada defecto de carácter reconocido. Hacía de mí un ser más libre. Cada reconocimiento de mis faltas y errores me quitaba un peso de encima. Admitiendo mis fallas, podía ir identificando más rápido a las personas a las cuales había ocasionado algún daño o que creía que me habían hecho algo. Debía corregirlo. Dios se encargaba de mostrármelo de alguna manera. La persona llegaba a mí, era preciso que me lo encontrara, recordándome lo que había hecho, para que inmediatamente lo volviera consciente y lo corrigiera. La forma en que todo iba fluyendo para que siguiera adelante, sin excusas, era maravillosa.

Me resistí un poco a enmendar a una de las personas que me había hecho daño bastante tiempo atrás y por quien sentí mucho resentimiento. Se me hacía difícil. El sentimiento de que quizás no podría hacerlo se apoderó de mí. Sin embargo, si quería ser libre, debía corregirlo. Era por mi bienestar y mi liberación. Lo hice y todo fluyó de la mejor manera. Siempre fui escuchada y entendida, era maravilloso. Seguí en el proceso de pagar mis deudas emocionales, todo estaba saliendo muy bien. Nada de lo que el ego y el miedo me habían advertido sucedió. Al contrario, el amor se manifestaba y la compasión me hacía ver su verdadero ser, entendiendo la realidad.

DISPUESTA A CORREGIR TODO

Libero al mundo de todo lo que jamás pensé que era.

Lección 132 de UCDM.

En el décimo escalón seguían llegando más personas a quienes había lastimado. Quería repararlas inmediatamente. Era mi libertad, era estar en paz y dar paz a otros seres, era maravilloso. Cada vez lo hacía más rápido. Reconocía y reparaba mis faltas, me daba el valor de admitirlo rápidamente. En mi versión del pasado jamás lo habría hecho, el orgullo me lo habría impedido. Me habría limitado a querer tener, así que me habría defendido. Sin embargo, me encontraba haciendo lo más hermoso posible. Era la primera vez que era mi propia prioridad, que hacía un trabajo en mi interior, que me conocía a mí misma, que tenía el valor de hacer lo que me propusiese.

Debía haber muchas personas afectadas por mi inconsciencia en los cuarenta años que había vivido. Todas iban apareciendo poco a poco y las iba reparando, liberándome del encadenamiento de mi alma. Entendía que nada de lo ocurrido había sido mi culpa, pues había creído actuar correctamente. Al principio me juzgaba muchísimo por haber actuado así, la culpa era mi sufrimiento. Empecé a exigirme más y a hacer lo mayor posible para corregir de la mejor manera. Me esforzaba por dar lo mejor de mí, siempre diciéndome que debía hacer muchas cosas y aprovechar el tiempo. Finalmente, estuve lista para emprender y para que me fuera bien. Mi objetivo era terminar el proceso para seguir buscando respuestas. Estaba en pro de terminar las enmiendas y llegar a la meta.

Estaba atenta a cualquier cosa que pasaba a mi alrededor. Me parecía tener una visión clara de lo que era y adónde quería llegar. Retrocedía y observaba, analizando a quién le había dañado de algún modo, quizá con críticas o juicios. El camino propiciaba que esos momentos ocurrieran cuando estaba lista para enfrentarlos, pudiendo ver claramente para hacer la respectiva enmienda y reparación. Cada día era más sencillo hacerlas. La sensación de liberación y de plenitud era maravillosa. Limpiar y sanar mis heridas, así como desocupar la copa llena de creencias limitantes, miedos, culpas y defectos que estaba en mi mente, dejaba un espacio para lo real, lo verdadero, lo que provenía de Dios. Todo era más claro con su divina presencia. Su amor y esperanza me habían ayudado a seguir adelante. Su amor infinito, la paz y la alegría estaban volviendo a mí.

Le hablaba a Dios a través de la oración consciente, sintiéndolo más cerca de mí y manteniendo un contacto con él. Había aprendido a reconocer y a entregar mis faltas, además de confiar y creer en su poder y en su amor. Descubría cómo entregar mi vida y dejar todo a su voluntad en vez de a la mía. Día tras día despertaba un poco más y me liberaba. Cada vez era honesta y reconocía mis faltas humildemente, entregándolas a Dios.

CONECTANDO CON MI INTERIOR

Soy tal como Dios me creó.

Lección 110 de UCDM.

Déjame aquietarme y escuchar la verdad.

Lección 106 de UCDM.

Descanso en Dios, hoy descanso en Dios y dejo que él obre en mí y a través de mí, mientras descanso en Él en silencio y con absoluta certeza.

Estaba en el decimoprimer escalón, donde tendría un espacio conmigo misma y conectaría con él para orarle, hablar y entregar todo de mí. El anhelado momento de claridad y las respuestas a todas mis preguntas habían llegado. La paz y la felicidad que tanto deseaba estaban en mí, pero las había olvidado al buscarlas afuera. Había abandonado completamente a mi ser real. Luego empecé a ver con los ojos del alma, con los ojos de Cristo, entendiendo la realidad tal como era.

Sabía quién era, el proceso me había llevado a conocerme profundamente. No había culpa ni vergüenza. El miedo se había reducido al mínimo, el ego ya no me gobernaba. Tenía el control de mis emociones y sentimientos, podía observar y transformar mis pensamientos constantemente. Ese era el decimosegundo escalón, donde la luz de mi ser brillaba cada día más, me amaba y me valoraba.

Había decidido no olvidarme de mí, que Dios era mi prioridad y que yo era lo más importante después de él. Esos momentos de sano juicio eran mi mayor tesoro. Había recordado mi ser. Fui consciente de que mi alma salía de la cárcel que la retenía. Era un sentimiento de libertad y plenitud que no podía describir, era paz absoluta. Pude visualizar cómo mi alma alzaba sus brazos y estaba llena de alegría y dicha. Sabía que era posible que mi manera de ser anterior regresara, así que debía tener mucho cuidado, observar y trabajar constantemente en mí. Podía recaer en las viejas maneras de ser, pero estaba dispuesta a seguir mi camino, despertando cada día más. A veces me sentía triste, pues de vez en cuando tenía luchas espirituales, pero sabía que todo surgiría y desaparecería, no iba a ser color de rosa.

Llegué a considerar que manteniéndome activa, nunca más podría estar triste o con miedo. Después acepté que la vida no era perfecta, que tendría sus momentos maravillosos, llenos de paz y felicidad, pero también sus momentos de adversidad. Entendía que solo yo poseía el control y el poder de elegir el mundo que quería ver. Lo verdaderamente importante era aprender a aceptar las cosas tal como se presentaban, a disfrutar de los momentos agradables y a hacer llevaderas las situaciones de adversidad. Estaba tranquila y en paz pasara lo que pasara, tenía la esperanza y la fe bien puesta. Sabía que la vida no sería fácil, pero al estar despierta tendría mi mejor arma, el amor de Dios.

En el conocimiento de mí misma observé que todo lo que me pasaba, como mis relaciones, situaciones y enfermedades, eran los resultados de mis actos, de mis pensamientos. El cáncer me había hecho pensar muchas veces, lo había invocado estando sana. Con solo decir «debo tener, voy a ir a mirar porque creo que debo tener», lo estaba haciendo. También descubrí que se debía a la falta de perdón y de amor propio, a reprimir lo que sentía. La unión de pensamientos y sentimientos reprimidos habían detonado mis enfermedades. Yo misma me había autodestruido de forma inconsciente al pensar desde el miedo, lo cual es el adverso del amor. Justamente el amor me había faltado: el miedo (que para mí es el ego) me hacía inconsciente, así que podía apoderarse y encarcelar mi alma. Dios, en su amor y misericordia, escuchó mis suplicas.

***

Agradezco a mi buena voluntad para realizar este trabajo interno sin pausas. Gracias a Dios, a mi familia, a mi esposo, a mi hijo, a mis padres, al Gimnasio Emocional Mentes Brillantes, a la Fundación Resolver, a mis compañeras y a Alexandra Ortega, la mujer que estuvo ahí en mi proceso, dando lo mejor de sí para que mi recuperación se diera. Fue un despertar espiritual, un camino de autoconocimiento donde cada uno me dio lo mejor que tenía, entendiendo cada cosa que sucedía en el proceso. La mujer del principio cambió. Me hice más segura de mí misma, obtuve amor propio y la cura para las heridas espirituales. La sanación del alma y el cuerpo eran evidentes. El amor salió de mí de una manera natural y limpia. La Yeimi de antes murió y regresó un nuevo ser. Uno de amor, compasivo y humano. Era imperfecta pero feliz. Despertaba a la realidad cada día, reconociéndome a mí misma como santa hija de Dios.

¿Por qué y el para qué?

Porque debía recordar quién era, reconociéndome mí misma. Tenía que encontrar mi verdadera esencia; observar mis defectos y mis pensamientos; corregir mis malas conductas, así como mi manera destructiva y dañina de ser; ver a cada ser humano como uno y no por separado, incluyéndome, y admitir en mí la grandeza de Dios.

Porque era un ser ilimitado, porque no era un cuerpo y nunca moriría. Era un ser divino con una forma en una experiencia terrenal. Porque debía recordar que la muerte no existía y que Dios era libre. Debía entender que Dios era amor y por ende yo también lo era.

Para despertar y ser luz para el mundo, para observar mis pensamientos y acciones, siendo consiente de cada uno de ellos, y para reducir el ego a su justa medida. Pude gobernar todo de mí, sin dejar poder al ego, dejando que Dios fuese el único en manejar mi vida. Le entregué todo lo que yo era, porque él representaba la única fuente divina para todo lo que necesitaba. Era un ser infinito y amoroso que me llenaba de paz, de alegría y de esperanza, además de que me daba la vida eterna para que recordara que era su santa hija y que todos mis pensamientos le pertenecían. Mis ojos y mis oídos solo debían ver y escuchar su voz, la voz que habla por Dios, a fin de limpiar mi alma y la oscuridad que habitaba en mí, dejando que el hermoso y maravilloso ser que yo era se manifestara.

Para que me amara, me respetara y supliera mis necesidades como ser humano a través de esta enfermedad llamada cáncer. Debía cuidarme, valorarme y perdonarme. Aprendí a verla como un llamado al reconocimiento y a la aceptación de mi olvido hacia mi propio ser. Mis falsas creencias me habían llevado a un mundo falso donde existía la muerte, los defectos de carácter, los juicios y la crítica. Allí había culpa, miedo y vergüenza.

Conectar conmigo misma a través de la quietud de mi mente y de la relación con Dios me abrió a un mundo real, a mi verdadero hogar, a la morada de Dios. Pude darle paso al camino del autoconocimiento y volver a mi centro de amor, de perdón, de libertad, de alegría y de paz. Un solo ser creador de la humanidad prevalecería en mi interior y dirigiría mi vida, Dios, un Dios de amor.

TRANSICIÓN

Mientras iba despertando, adquiriendo conocimiento y recordando quién era, empecé a realizar muchas de las cosas que no hacía por miedo. Me sentía más fuerte, era capaz de hacer lo que quería. Los cambios eran maravillosos. Había tal vez muchos a quienes no les gustaba, ya que no iba con sus creencias e ideologías. Era fantástico sentirme libre, sin tapujos ni ganas de que alguien me dijera qué hacer o decir. Experimentaba el cambio de ser honesta conmigo misma, de dejar de autoengañarme, ¡estaba en las nubes! Sin embargo, siempre fui consciente de que decir la verdad de lo sentía no siempre iba a ser agradable para la persona con la cual conversara, pues muchas veces no les gustaría saber la verdad. Además, no encajaría en los estándares sociales.

Mi transformación me llevó a cometer errores de pareja, en la familia y en los negocios, pues me encontraba en una zona de confort, pensando que llevar una vida tranquila y serena significaba ser espiritual. Eso me condujo a una indiferencia extrema, pues consideraba que debía estar en paz, en la comodidad de vivir de forma sencilla y sin afanes.

APRENDIZAJES EN EL EXTREMO

Recorrer el sendero espiritual de la sanación y de ver el mundo que había dentro de mí me llevó a soltar, a desapegarme, a dejar que las cosas fluyeran, a vivir el momento, a ser más relajada y confiada. Sin embargo, olvidé que estaba en un mundo terrenal donde había la delincuencia, donde se debía actuar para alimentarse y dormir. Había de trabajar para conseguir comodidades terrenales, como una cama, un armario, la vestimenta, el desodorante y los viajes. No lo había entendido. Nada me preocupaba. Por ejemplo, dejaba el carro afuera, diciéndome que había que confiar, que no iba a suceder nada. Naturalmente, un día el auto ya no estaba. Sin embargo, lo justifiqué diciendo «por algo será». Vivía a diario ese tipo de situaciones. Cuando alguien me decía «estás yendo al extremo con tu tranquilidad y confianza», yo respondía «pues todo pasa por algo y sé que es así». Si hubiese seguido pensando de forma tan inconsciente, habría perdido mucho más gracias a esa falsa creencia extremista.

Asimismo, permitía que toda la familia saliera sin informar, consintiendo que todos hicieran lo que les apeteciera. Fue como soltar el ganado. Pensé que debía dejar los negocios sin seguimiento, dejando todo en manos de terceros, porque confiaba y era mejor no decir nada. Consideré que tenía que desapegarme y dejar fluir, sin límite alguno, esos comportamientos extremistas. Antes había sido todo lo contrario, era una mujer controladora y desconfiada, así que quería que fuese diferente, pues había hecho daño con mis maneras de ser.

Esos extremos tuvieron consecuencias graves en todas las áreas de mi vida, en familiares, en la relación de pareja, en mis hijos y en mis finanzas. Después de ver las consecuencias de mis actos, todo se salió de control, pues no había puesto límites ni equilibrado cada situación de la mejor manera. Todo lo terrenal tenía un orden y unos principios, a fin de que hubiera armonía en cualquier área. Era imprescindible estar atenta y valorar cada cosa sin apegos, así como proteger cada cosa que Dios me había permitido y que había trabajado con esfuerzo y dedicación.

NADIE ME HACE NADA

Cuando observé lo que me había pasado debido a mis creencias y actitudes, por esas falsas maneras de ver el mundo y lo que me rodeaba, empecé a transformar todo lo que percibía sobre las personas y situaciones. Pensaba que me estaban haciendo algo y que eran los responsables de cada cosa que pasaba en mi vida. Al estar en consciencia, pude entender que nadie me hacía daño, pues cada ser solo me mostraba algo que tenía adentro. El dolor de un rechazo, de una humillación o de una palabra me marcaría para siempre si no lograba aceptarlo y sanarlo. Se vería proyectado una y otra vez en mi vida, pues no recibiría el mensaje que me entregarían, a fin de que viera y sintiera. Además, hube de perdonarme por dañarme al creer que era culpable de lo que sucediera.

Nadie me hace nada, todo está en mí. Solo debo despertar y ver la verdad para ser libre.

Creerme especial

Creer que los demás eran diferentes a mí me hacía sentirme más o menos que ellos. En algunos casos, con la autoestima súper baja. En otros, llegaba al egocentrismo. Me sentía superior por la idiotez de creer que tener una sola pareja era mejor a tener muchas. Asumía que tenía el derecho de considerarme más valiosa que una persona que lo hiciera. Luego, gracias a una voz, entendí que no era diferente a mí. Esa voz me hizo aceptar que éramos uno, independientemente de haber tenido uno o cien hombres. La monogamia no me haría distinta ni me daría el poder de denigrar a los demás. Otro error en el que estaba era suponer que la cantidad de dinero hacía a un ser humano. Asimismo, juzgaba a los demás por su religión. Solía creerme el ser más bueno del mundo y que otros eran malos. Todo ello creó una división que me dañó a mí misma.

El sentir

Tenía la idea de que era normal callar lo que sentía. Debía ocultar mis sentimientos para no hacer sentir mal a nadie y para ser una mujer buena. Si no lo hacía, era mala y despiadada, aunque no me gustase lo que estuviera haciendo, comiendo...

Transformar mi vida, permitiéndome ser yo misma, fue uno de los sentimientos más hermosos que pude experimentar. Aprendí que al reprimir lo que sentía, mi cuerpo me alertaría y me lo recordaría con algún dolor o manifestación. En ese caso, debía despertar y expresar: «di lo que sientes y libérate para que sanes».

CON LOS PIES SOBRE LA TIERRA

Los cambios en mi vida fueron rápidos al despertar a la realidad y ver las cosas como eran, aunque también llegué al extremo de todo. Había hecho de la espiritualidad y de la verdad la idea de que solo debía estar en silencio, quizás meditando constantemente y dejando que todo fluyera. Consideraba que no había maldad, que nada iba pasarme si yo era un ser de luz. Consentía que el auto quedara a la deriva, pensando que nada podía ocurrirme. Hacía de negocios de confianza de acuerdo a cómo me hablaran, a si me sonreían o a si me prometían cosas que al final no se cumplían. Dejaba a un lado la claridad y lo acordado en un papel que daba garantía de dicho negocio.

Suponía que todo el mundo actuaría como yo pensaba. Sin embargo, la vida y sus lecciones me sacudieron. Había olvidado que estaba en un mundo terrenal, donde cada persona pasaba por diferentes procesos, donde había ladrones, maldad, codicia, envidia y un sinfín de defectos. Gracias a todo lo vivido, logré entender que éramos seres espirituales viviendo una experiencia terrenal donde se encontraba de todo. Pude reconocer que debía realizar los negocios dejando el sentimiento a un lado y teniendo claridad en lo que iba hacer. Y, lo más importante, debía tener los pies sobre la tierra.

PONERME EN LUGAR DEL OTRO.

Entendí que para vivir en paz y en amor debía ponerme en los zapatos de los demás, recordando que tal vez había pasado por lo mismo en algún momento. Tenía que imaginar que estaba en su lugar, con sus creencias, su familia, su educación, sus tratos, sus humillaciones, abandonos y demás. Probablemente, con todo ello, habría actuado de la misma manera. Solía juzgar a los demás antes de transformar mi vida. Para mí, era mejor culpar, decir que estaban mal y señalar lo que eran y lo que hacían. Duraba meses y hasta años con resentimientos, causándome daño a mí misma.

Si hubiera sabido que el perdón me otorgaría muchísimos regalos y que cubriría todas mis necesidades, dándome bienestar y abundancia en todos los aspectos, lo habría practicado constantemente. Del mismo modo en que sabía que debía lavarme los dientes para que no se cayeran, o que debía desayunar y almorzar bien para mantenerme saludable y llena de energía, aprendí a practicar el perdón una y otra vez, tanto en mí como en los demás. Sabía que esa era la llave de mi felicidad y la paz, la dicha que era.

SIN TAPUJOS

Me sentí libre por ser quien era, tanto lo que me gustaba como lo que no. Cuando ocultaba cosas, estaba condenada al miedo y a la culpa. Tuve que aprender que esconder y reprimir lo que sentía me encarcelaba y me dañaba. Cuando la angustia y el miedo llegaban, sabía que algo no estaba bien dentro de mí, así que recordaba que debía sacar el sentimiento que me atormentaba, a fin de liberarme y tener la paz, la felicidad y la dicha que era.

La mujer que se transformó

Encontró su propio camino para ser guiada por el amor de su alma y abandonó los caminos que no la inspiran ni le hacían bien. Sin embargo, llevaba cicatrices de las espinas que pisó al caminar sobre la adversidad. Salió victoriosa de cada batalla, seguía plena y dispuesta a todo, aceptando esas marcas como símbolos de un aprendizaje convertido en sabiduría.

La mujer que renació empezó a asustar, pues eligió ser su mejor versión.

La mujer que pasó por varias batallas, tanto emocionales como físicas y espirituales, y que fue capaz de renacer, no se preocupaba por buscar la felicidad afuera. Ella era libre porque había roto las ataduras de la aprobación ajena. Ella se pertenecía a sí misma.

Aprendió a abrazar, a amar, a reconocerse tal como era, aceptando cada cosa que pasaba en su vida. Podía decirse a sí misma «no te culpes, hiciste lo mejor que pudiste en ese momento», «si hubieras estado en su lugar, habrías hecho lo mismo».

La mujer que salió del fondo de la oscuridad entendía de humillación, de rechazo y de abandono, pero optó por el perdón a los demás y, sobre todo, a sí misma.

Fue subestimada, rechazada y criticada. Tenía autoestima baja. Fue alimentada con migajas, pero decidió levantarse del suelo una y otra vez, sacudiéndose e iniciando un nuevo camino...

Ella probó la enfermedad, la ansiedad, la escasez y los ataques de pánico que se manifestaban debido a su falta de perdón. Creyó en lo que decían afuera, en un mundo lleno de limitaciones y de falsas creencias. Extendió sus alas, nació y se dio cuenta de que el cuarto oscuro infernal no era su lugar. No obstante, ella mantuvo los pies en el suelo, porque sabía que era fundamental saber dónde estaba pisando.

Si algo sobraba a esa mujer era amor, paz y compasión. Estaba llena de alegría por ser auténtica. No lo pensaría dos veces antes de abandonar situaciones y personas que amenazaran su paz, su felicidad y su alegría de ser.

Esta mujer observó y aprendió que nada ni nadie valía el dejar de ser ella misma. La libertad de ser quien era no había caído del cielo. Ella eligió y decidió cambiar su vida. Conquistó la libertad al precio de su caminar constante. La práctica de lo real transformó su vida y ella jamás lo iba a negociar.

Ella no quería polémica, guerra ni discusiones estúpidas que no llegaran a nada. Ella sabía lo que quería y lo que se merecía.

Tenía plena fe y confianza en todo lo que hiciera, donde lo clarividente se volvería evidente.

La mujer que se transformó no negociaría su vida y su tiempo.

Yeimi García Moreno

Fin

AGRADECIMIENTOS

A DIOS, mi familia, esposo, hijos.

A la Fundación Resolver; Gimnasio Emocional Mentes Brillantes; al Centro de meditación Vipassana: al Curso de Milagros; al Instituto Nacional de Cancerología; a Shirley Urbano.

Lecturas recomendadas

Mis días de resiliencia (Paty Silva)

Decisiones de vida, una lucha constante por la felicidad (Didier Fernando Carrillo)

Redimensiónate y exprésalo en salud (Ilgora Pizzolante)

De regreso a la vida (Luis Toro)

Guía y charlas de meditación (Luis Guillermo Mendoza)

Afirmaciones y aformaciones positivas para tu cerebro (Carola Vital Osorio)

Escritura emocional. Voces del alma (Ana Vásquez O.)